本项目受"四川财经职业学院高层次引进人才科研启动费"的资助

乡村振兴视域下柑橘合作社高质量发展研究

——基于社员服务利用的视角

刘国强　　傅新红　　符　刚 ○ 著

西南财经大学出版社
Southwestern University of Finance & Economics Press

中国·成都

图书在版编目(CIP)数据

乡村振兴视域下柑橘合作社高质量发展研究:基于社员服务利用的
视角/刘国强,傅新红,符刚著.
成都:西南财经大学出版社,2024.7. --ISBN 978-7-5504-6268-7
Ⅰ.F326.13
中国国家版本馆 CIP 数据核字第 2024F4S674 号

乡村振兴视域下柑橘合作社高质量发展研究——基于社员服务利用的视角
XIANGCUN ZHENXING SHIYUXIA GANJU HEZUOSHE GAOZHILIANG FAZHAN YANJIU——JIYU SHEYUAN FUWU LIYONG DE SHIJIAO

刘国强　傅新红　符　刚　著

策划编辑:王　琳
责任编辑:向小英
责任校对:杜显钰
封面设计:何东琳设计工作室　张姗姗
责任印制:朱曼丽

出版发行	西南财经大学出版社(四川省成都市光华村街 55 号)
网　址	http://cbs.swufe.edu.cn
电子邮件	bookcj@ swufe.edu.cn
邮政编码	610074
电　话	028-87353785
照　排	四川胜翔数码印务设计有限公司
印　刷	成都金龙印务有限责任公司
成品尺寸	170 mm×240 mm
印　张	14.75
字　数	245 千字
版　次	2024 年 7 月第 1 版
印　次	2024 年 7 月第 1 次印刷
书　号	ISBN 978-7-5504-6268-7
定　价	88.00 元

前　言

　　农业生产性服务是乡村振兴背景下小农户有机衔接大市场的重要途径，农民专业合作社（后文简称"合作社"）自身具有独特的优势，成为农业生产性服务的重要供给主体。然而，合作社在快速发展的同时，面临"泛化""异化""空壳社"和"内卷化"等一系列问题，引起了社会各界对合作社发展的质疑。因此，中国政府积极开展了一系列合作社质量提升行动。如何促进合作社提质增效是当前亟待解决的现实问题。服务和民主管理是合作社的本质属性（黄祖辉、邵科，2009），因而促进合作社提质增效的关键在于完善合作社的服务功能和优化合作社的制度建设。但是，中国较为缺乏合作社发展的经济基础和制度环境，民主管理依旧有很长的道路要走，因而当前促进合作社提质增效最有效、最直接的路径就是完善合作社的服务功能。实践中，合作社主要提供农资、销售、资金、技术和信息等服务，但社员并不一定会利用合作社服务，或者利用程度较低，如存在双边销售等现象。显然，这不利于合作社的可持续发展，因为合作社服务功能发挥的关键在于社员对其服务的积极利用。因此，有待深入考察社员对合作社服务的利用（后文简称"服务利用"）。具体而言，社员对合作社服务的利用程度如何？影响社员服务利用的关键因素有哪些？服务利用给社员带来的福利效应怎样？回答这些问题，有利于提升社员的服务利用水平和自身福利水平，完善合作社服务功能，进而为客观评价合作社的贡献提供依据。

　　基于此，本书尝试搭建"服务利用—社员福利"分析框架。首先，科学界定合作社、农业生产性服务、服务利用和社员福利等核心概念的内涵与外延，基于农户行为理论、交易成本理论和福利理论等，深入剖析社员服务利用（利用决策、利用程度）的理论逻辑，系统分析服务利用对社员福利（主观福利、客观福利）的影响机理。其次，基于宏观、中观统计数据，全面考察柑橘产业和柑橘合作社的发展现状，利用四川省柑橘大县74个柑橘合作社和524个社员的微观调研数据，深入分析社员服务利用的现状及问题。再次，运用二元 Logit 模型分析社员服务利用决策的影响因素；运用泊松模型考察服务利用宽度的影响因素；采用 Double-Hurdle 模型分析社员销售服务利用深度的影响因素；运用有序 Probit 模型剖析服务利用对社员满意度的影响；运用内生转换模型分别考察服务利用对社员的柑橘产量、净收益和家庭收入的影响；运用案例分析法检验服务利用的理论逻辑和服务利用对社员福利影响的理论路径。最后，基于研究结论及存在的问题，提出针对性的对策建议。本书的主要结论如下：

（1）服务利用取决于供需约束下的潜在效用。本书从利用决策和利用程度两个层面分析了社员服务利用，并从横向（利用宽度）和纵向（利用深度）两个维度剖析了服务利用程度。理论分析结果表明，社员基于效用最大化原则，在自身服务需求和服务供给的双重约束下进行服务利用决策和利用程度的选择。其中，社员个体特征和家庭经营特征在一定程度上决定了服务利用的"需求"，而合作社基本特征、合作社服务特征和外部环境特征决定了农业生产性服务的"供给"。

（2）服务利用通过多元路径影响社员福利。服务利用主要通过降低生产成本、增加柑橘产量和收购价格等路径提升社员满意度；通过保障农资质量、降低信息不对称、规避市场经营风险和推广先进适用技术等路径提升柑橘产量；通过降低生产成本、提高柑橘产量和销售价格，进而增加社员的柑橘净收益；通过提高柑橘产量和优化劳动力资源配置，提高社员的柑橘收入、其他农业收入以及工资性收入，进而提高社员家庭收入。

（3）服务利用水平整体不高。74个样本合作社主要供应农资、技术、销售、资金和信息5种农业生产性服务，且近80%的合作社提供3种以上的服务。显然，大多数合作社的服务供给较为完善。然而，社员服务利用水平整体不高，仅有一半的社员利用了合作社服务。

（4）服务利用受到多重因素的影响。服务需求、对合作社的了解程度深、销售风险、服务质量满意度和服务便捷度等显著促进了社员利用合作社服务，而劳动力的抑制作用显著；服务需求、服务质量满意度和服务便捷度等显著提升了社员对合作社服务的利用宽度，而服务宽度的抑制作用显著；对合作社的了解程度、种植面积、按交易量/股份分配盈余、溢价能力和服务便捷度显著提升了社员对合作社销售服务的利用深度。

（5）服务利用能够显著提升社员福利。服务利用可以显著提升社员的主观福利和客观福利。具体而言，相对于未利用合作社服务的社员，服务利用可以显著提升社员满意度。服务利用对社员柑橘产量、净收益和家庭收入的平均处理效应分别为 285.446 千克/亩、0.129 万元/亩和 0.498 万元/人，服务利用能够使社员的柑橘产量、净收益和家庭收入分别提升 13.49%、18.32% 和 17.99%。

基于这些结论，本书提出了相应的政策建议，包括大力宣传合作社服务、提升服务供给水平、提高社员服务利用水平、完善内部制度建设和强化政策支持等。

希望本书的研究成果和提出的政策建议能够为农民专业合作社的高质量发展、乡村全面振兴和共同富裕做出些许贡献。同时，期待更多学者和农业从业者参与合作社发展的研究和实践，共同推动合作社在新时代的蓬勃发展。

刘国强

2024 年 3 月 12 日

目　录

1 绪论

1.1 研究背景与研究意义

1.1.1 研究背景

农业生产性服务是小农户对接大市场的大势所趋。家庭联产承包责任制促进了中国农业经济的发展（林毅夫，2014），尤其是党的十八届三中全会以来，我国农业取得了一系列举世瞩目的成就，如粮食稳产、农民增收、结构调优、方式转绿、动能向新等，但随着工业化、城镇化的推进，我国又面临农业副业化、农村空心化、农民兼业化等瓶颈，小农户面临生产成本高、自然风险大、市场波动频繁、产品缺乏竞争力等多重风险与挑战（叶敬忠 等，2018；郭庆海，2018）。而随着农业分工的深化（罗必良 等，2018），农业生产性服务业得到快速发展，成为破解小农户对接大市场瓶颈，促进农业增效和农民增收的重要手段。农业生产性服务是提高农业生产效率的新途径（韩坚、尹国俊，2006），是农业的根本出路（姜长云，2016），是我国农业现代化历史上的第三次动能（冀名峰，2018）。张红宇（2019）指出，农业生产性服务业由依附产业转向独立完整乃至成为战略性产业，成为不可逆转的历史趋势，是在"大国小农"基本国情下，实现小农户与现代农业有机衔接的重要途径（沈兴兴 等，2021）。罗必良等（2021）也强调，实现小农户与现代农业的有机衔接，必须走有中国特色的"第三条道路"。其核心是"为小农户服务"，即通过服务外包引入技术资金、企业家能力以及交易组织方式，由此将小农户卷入分工经济。因此，国家开始大力发展农业生产性服务业，并出台了一系列相关政策①，详见附录 1。

合作社是农业生产性服务的重要载体。农业生产性服务的供给主体主要包括政府、龙头企业和以农民专业合作社为代表的中介组织三类（郝爱民，2011；张红宇、胡凌啸，2021）。合作社具有特定的组织目标，农户同一性强的组织基础，以及集所有者、推广者和使用者于一体的社员制度等独特优势（杨丹，2019），同时具有赋权于民、提高社员主观能动性等特殊优点（赵黎，2019），因此在政府、企业及中介组织等多元生产服务供给主体中独具优势（高钰玲，2014）。因而，世界农业大国普遍重视发展合作社，如合作社在欧洲农业贸易中占了 40%～60% 的份额（Ajates，2020）；而在中国，合作社作为最重要的新型农业经营主体之一（钟真，2020；黄祖辉 等，2021），已成为新型农业社会化服务体系中的重要一环（孔祥智，2021）。因此，中国政府亦是大力支持合作社发展（详见附录2）。在社会各界的共同努力下，中国合作社的数量实现了"井喷式"增长。数据表明，截至 2020 年 11 月，全国依法注册的合作社超过 224 万家，辐射带动近一半的农户，平均每个村逾 3 个合作社，辐射带动全国近 50%的农户。在合作社数量蓬勃增长的同时，合作社类型日益丰富，其经营活动不仅涉猎传统的种植、养殖业，还不断向农产品加工、农机、农技、农资、休闲农业和旅游等领域延伸。合作社的主要作用是提供农业生产性服务（Hellin et al.，2009；Yang et al.，2012），包括农业生产资料购买、农产品销售、农产品加工、农产品运输及储藏、良种引进和推广、农业技术培训、购买农业保险等（黄季焜 等，2010；朱哲毅，2017）。进一步来看，合作社已逐步成为小农户对接大市场（苑鹏 等，2019）、乡村振兴（邵峰，2017；毕美家，2018；张天佐，2019）的重要载体。

完善合作社服务是合作社提质增效的关键所在。当前，合作社发展的数量蓬勃增长，但发展的质量备受质疑，如备受关注的"泛化"（黄胜忠，2014）、"异化"（马彦丽 等，2018；徐志刚 等，2021）、"空壳化"（苑鹏

---

① 2015 年 12 月，国务院办公厅发布《关于推进农村一二三产业融合发展的指导意见》，首次提出"发展农业生产性服务业"；2017 年 8 月，农业部、国家发展改革委、财政部联合印发《关于加快发展农业生产性服务业的指导意见》；2018 年 9 月，中共中央、国务院印发了《乡村振兴战略规划（2018—2022 年）》，提出"大力培育新型服务主体，加快发展'一站式'农业生产性服务业""强化农业生产性服务业对现代农业产业链的引领支撑作用"。

等，2019；徐旭初，2020；吕德文，2021）、"内卷化"（樊红敏，2011）等现象，在学术界、实业界和政界引起强烈的反响。黄祖辉、邵科（2009）指出，服务和民主管理是合作社的本质属性，这为合作社提质增效指明了方向。但是，马彦丽等（2018）指出，中国似乎从根本上缺乏合作社发展的经济基础和制度环境，在这样的背景下，中国要么没有合作社，要么是异化的合作社。由此可见，民主管理对当前中国合作社而言，依旧有很长的道路要走，因而当前提升合作社质量的关键在于完善其服务。实践中，社员不一定会利用合作社服务，或者利用程度较低，如 Mujawamariya 等（2013）研究发现，社员存在双边销售的现象——既利用合作社进行销售，也利用其他渠道进行销售。Hao 等（2018）的研究结果表明，44.0%的社员苹果销售给了批发商，38.1%的社员将苹果销售给了小商贩，仅仅 17.9%的社员利用合作社进行销售。显然，这样不利于合作社的可持续发展。因为作为集体共同的组织，合作社服务功能发挥的关键在于社员对其服务的积极利用（Fulton，1999；蔡荣、易小兰，2017；Apparao et al.，2019）。因此，有待深入考察社员对合作社服务的利用。

近年来，四川柑橘合作社发展迅猛。四川省积极贯彻《中华人民共和国专业合作社法》，颁布《四川省〈中华人民共和国农民专业合作社法〉实施办法》地方性法规，出台《关于支持和促进农民专业合作社发展的意见》等一系列配套政策。经过十余年的发展，四川省合作社培育成绩斐然，数量始终位居全国前十、西部第一（农业部农村经济体制与经营管理司，2017）。数据显示，截至 2018 年年底，四川省工商注册登记的合作社达 9.96 万个，入社社员 416.8 万户。其中，普通农户 382.1 万户，占总数的 91.7%；带动农户 654.5 万户，分别占全省农业经营户总数的 22.9%和39.4%。与此同时，为了促进"川果振兴"，四川出台了一系列规划布局政策、要素配置政策、组织经营政策、市场体系政策等来推动柑橘产业的发展。数据显示，2019 年，四川柑橘产量为 1 136.7 万吨，排名全国第 8位，柑橘园面积为323 100公顷，位列全国第 4 位。柑橘由于交易频率较低，而资产专用性和交易的不确定性较高，基于威廉姆森的交易成本理论，适合我国柑橘鲜果交易的渠道和方式是第三方组织的介入（牛玉珊、祁春节，2011），这为合作社这一新型农业经营主体嵌入柑橘产业提供了理论基础，而四川也正大力发展柑橘合作社，围绕柑橘发展的组织经营政策的落脚点之一就是合作社（郭晓鸣，2014）。因此，以四川柑橘合作社及其社员为研究对象，具有一定的典型代表性。此外，以柑橘合作社及其社员为研究对象，相较于常见的以整个合作社或者种植业合作社为研究对象，本书能够有效降低因产业异质性带来的影响。同时，由于柑橘是商品化和市场化程度较高的经济作物，相比于大宗的粮食作物，柑橘的市场竞争相对比较充分，其市场运行规则更接近于市场经济规律，比较适合进行理论研究。

1.1.2 研究意义

1.1.2.1 理论意义

（1）从利用宽度和利用深度两个层面深化社员服务利用理论。本书不仅研究了社员服务利用决策，还从横向和纵向维度分别考察了社员服务利用的宽度与深度，前者即社员利用合作社服务的种类数，后者即社员对某种合作社服务的利用比例，这无疑丰富了社员服务利用的理论内涵。

（2）从主观福利和客观福利两个维度考察柑橘合作社社员的福利。本书借鉴1998年诺贝尔经济学奖获得者阿马蒂亚·森的可行能力福利理论，将主观福利和客观福利结合起来，全面考察社员的福利。其中，主观福利用社员满意度来刻画，客观福利用社员最为关注的经济福利来表征，如柑橘产量、净收益和家庭收入。因而，本书有效避免了现有研究大多从客观福利或者主观福利层面来分析社员福利的不足。

1.1.2.2 实践意义

（1）有利于优化合作社的服务功能。合作社应广大农民的需求而组建，而合作社功能与作用的发挥则主要依靠社员对其服务的利用这一纽带。通过厘清社员服务利用的"瓶颈"，可以有效促进合作社服务的发展，避免合作社服务功能被弱化甚至是"空壳社"的产生，进而推动合作社提质增效。

（2）有利于提升合作社社员的福利水平。本书从主观福利和客观福利两个层面出发，深入分析了社员福利的影响因素。其中，主观福利使用社员满意度来表征，客观福利使用柑橘产量、净收益和家庭收入来刻画，重点剖析了服务利用对社员主观福利和客观福利的影响，同时也从社员个体特征、家庭基本特征、合作社基本特征、合作社服务特征以及外部环境特征等维度考察了社员福利的关键影响因素，进而为提高社员福利提供了路径遵循。

（3）有利于提高合作社的政策效率。合作社作为现代农业体系中最重要的新型农业经营主体之一，因其自身特殊的优势，在精准扶贫、乡村振兴等国家战略中被寄予厚望。因此，提升社员服务利用水平，可使合作社的服务功能不断增强，社员福利水平不断提高。同时，有利于基于合作社的诸多政策期待进一步实现，进而合作社的政策效率将得到提高。

1.2 国内外研究现状

1.2.1 合作社服务供给的相关研究

（1）关于合作社服务的研究范畴。大多数学者从整体层面对合作社的生产性服务功能进行考察，代表性的研究有：新型农业经营主体在为小农户提供机械化服务、农业科技服务、合作金融服务和市场购销服务等方面成效显著，而这种社会化服务可以在一定程度上推动小农户对接大市场，为小农经济再造和小农经济基础上的农业现代化提供了可能性（赵晓峰、赵祥云，2018）。合作社可以通过向其社员提供农资统一供应、农产品统一销售、农产品包装或精加工等集体投资、技术和信息统一等服务，来帮助解决小农户在现代市场经济发展中遇到的种种问题（Baker et al.，2004；Fulton，2005；WorldBank，2006）。黄季焜等（2010）研究发现，产品类合作经济组织提供的服务可以概括为技术或信息服务、统一提供农资、统一销售农产品和资金借贷服务四类。朱哲毅（2017）考察了合作社技术服务、统一购买农资、统一销售产品以及生产性集体投资四种服务。高钰玲（2012）和王图展（2017）指出，合作社的服务功能主要体现在五个方面，即种苗供应、农资采购、生产管理、产品加工和产品销售。因此，可以将合作社服务划分为横向服务和纵向服务两类，前者包括生产资料服务、农业技术服务、农业信息服务、农业金融服务、农业机械服务、农产品销售服务和农业基础设施建设服务，后者包括产前、产中和产后三个方面的服务（黄凤、杨丹，2014）。然而，袁雪霈（2019）将基础设施建设视为合作社非生产性服务。

部分学者聚焦合作社某一单项生产性服务功能进行研究，如合作社的科技服务（石绍宾，2009；Krasachat et al.，2009）、融资服务（毛飞 等，2014；董翀 等，2015）、农资购买服务（朱哲毅 等，2016）、信息服务

（徐娜 等，2016）和销售服务（White，1993；徐志刚 等，2017）等。

（2）关于合作社服务供给的评价。黄季焜等（2010）根据合作社提供服务的数量和强弱来编制服务功能指数，以间接测度不同合作社为社员提供服务的强弱。服务功能的实现程度就是合作社提供的某项或某几项服务功能覆盖社员的程度，用实现宽度和实现广度两个维度来刻画。其中，前者是指合作社具备多少项服务功能，显示合作社服务功能辐射它所从事的产业相关环节的程度；后者是指接受合作社某一项服务功能的社员数占合作社社员总数的比重，显示合作社服务功能对社员的覆盖程度（黄祖辉、高钰玲，2012）。陈新建、谭砚文（2013）基于食品安全服务的数量和强度来编制食品安全服务指数，以间接测度合作社为农户社员提供的食品安全服务的强弱。黄凤、杨丹（2014）指出，合作社的服务能力是指其提供的社员所需的某项或某几项服务覆盖社员的程度，具体分为横向服务能力和纵向服务能力。樊英等（2014）采用层次分析法从服务条件、运行机制、服务效果3个维度，用34个指标构建了烟农合作社服务能力指标体系。而龚继红（2011）强调，服务能力评价必须依据服务的供求特点考察服务对象对服务技术结果和服务过程的感知。张超（2014）从管理服务、经营服务和示范服务3个方面考察区域合作社提供公共服务的效率，指出并非示范社等级越高则效率水平越高。后续研究表明，与"小农发起"的合作社相比，"政府部门发起"和"村干部发起"的合作社公共服务效率水平较低（张超，2016）。田野（2016）使用流通服务功能指数来表征合作社流通服务功能的实现程度。李颖慧、李敬（2021）利用 DEA - Malmquist 指数法测算出我国农业生产性服务的供给效率。可见，当前人们主要通过服务功能指数、服务实现程度（宽度、广度）、服务能力、服务效率等来对合作社服务的供给水平进行评价。

（3）关于合作社服务供给现状及影响因素。从生产性服务的供给现状来看，大多数合作社为社员提供产前和产后服务，其次是融资服务，仅有不足一半的合作社提供产中服务（扶玉枝 等，2017）。李敏等（2019）研究发现，合作社的组织化实际业务仅体现在产前服务及农资统一采购环节，而农产品深加工、分拣定级、统一销售及农产品安全检测方面的服务水平仍然较低，初级农产品生产居多，高科技含量的农产品缺乏。朱哲毅等（2016）指出，合作社提供农资统购服务的比例较低，且大多停留在浅层次牵线购买。

剖析合作社服务供给的影响因素发现，合作社农业产业链服务的供给能力受到各种内部和外部因素的共同影响（Ragasa et al.，2014），如企业家才能（田野，2016；王图展，2017）、合作社基本特征和治理特征（Sexton et al.，1993；崔宝玉、陈强，2011；毛飞 等，2014）、合作社收益（Hu et al.，2009；黄季焜 等，2010）、政府扶持（Galdeano et al.，2006；Krasachat et al.，2009；张超、吴春梅，2014）、市场经济条件（Cook，1995；扶玉枝 等，2017）等会显著影响合作社服务供给。

1.2.2 社员服务利用的相关研究

社员服务利用相关研究主要从农户（社员）对合作社服务的需求及偏好、农户加入合作社以及社员对合作社的参与三个层面展开。

（1）关于农户（社员）对合作社服务的需求及偏好研究。不论发展中国家还是发达国家，其农业生产经营都由农户开展，而小农户由于缺乏技术、资金，抗风险能力低，交易费用高昂等先天性的不足（Offutt，2002；Chaplin et al.，2004；Pritchard et al.，2007；陈锡文，2013），不可避免地对生产资料、基础设施、金融保险、农业技术、销售信息等方面存在需求（Viaggi et al.，2011；Akudugu et al.，2012；韩国明 等，2013；鲁可荣、郭海霞，2013），且对全产业链农业生产性服务的需求存在一定的优先序（廖西元 等，2004；杨传喜 等，2011；李显戈、姜长云，2015；祁秋燕，2016）。杨爽和余国新（2013）指出，农户在服务模式选择时比较信赖农民合作社、政府以及金融机构等主体，而农户对合作社服务需求的优先序依次体现为农产品销售、技术与种苗等生产资料、资金帮助、市场供需信息、提高农产品价格与市场地位（陈江华 等，2014）。陈翔宇和李燕凌（2021）指出，是否参加技术培训、家庭农业收入占总收入的比重、是否参加合作社、耕地面积占比、年龄等因素会影响小农户对农业社会化服务的需求。

部分学者进一步探讨了需求及偏好的影响因素，如性别、文化程度、健康状况、兼业化程度、社会关系网络等个体特征（Kibwika et al.，2009；万江红、祁秋燕，2016）、劳动力个数、农户分化、兼业化、耕地面积、收入水平、专用资产等家庭特征（赵佳荣，2008；Asfaw，2012；Kuehne，2013；李荣耀，2015）、经营类型、种植规模、专业化程度、商品率、生产经营困难程度、交易费用等经营特征（赵佳荣，2008；张晓敏、姜长云，2015；扶玉枝 等，2018）。此外，朱红根等（2008）指出，价格、技术等感知特征会影响社员对合作社服务的需求，政府支持（张红云，2009）以及农业服务水平等市场经济环境（贺梅英、庄丽娟，2012；王钊 等，2015）也存在潜在的影响。

（2）关于农户加入合作社的研究。从农户加入合作社的行为逻辑来看，马彦丽、施轶坤（2012）指出，需求意愿和外部环境共同决定农户的入社行为，合作社知识宣传有利于促进农户的入社意愿和行为。白丽等（2015）研究发现，农户专业化程度和参与产业组织程度是表层直接因素，农户种植规模、非市场安排项目和产业组织认知水平是中层间接因素，而农户生产性投资能力、政府支持方向和农户文化程度是影响农户选择的最深层次根源因素。行为态度、主观规范和知觉行为控制显著影响农户参与合作社的意愿，但农户最终加入合作社的行为取决于农户的行为态度以及合作社在降低生产风险中的作用（钟颖琦 等，2016）。苟茜等（2018）基于威廉姆森资产专用性和交易成本经济学理论，探讨了专用性投资、交易成本与农民入社行为选择三者之间的内在逻辑。朋文欢、傅琳琳（2018）从农户入社需求和合作社吸纳意愿两个视角探讨农户入社的行为机理。

从农户加入合作社的影响因素来看，在个体特征方面，有年龄、性别、受教育程度、特殊经历、风险偏好等（Karli et al., 2006；Kumar et al., 2018；汪志强、冷原，2012），邻里示范（Becker，1991；姚瑞卿 等，2015；朋文欢、傅琳琳，2018）、认知与预期（Aumann，1981；Rhodes，1983；Ito，2012；林乐芬、顾庆康，2017）对农户加入合作社的影响亦比较显著。然而，张红云（2009）的问卷调查却得出相反的结果，农户的个体特征及受教育程度不会显著影响农户的合作意愿；在家庭生产经营特征方面，有产业特性、种植规模、销售区域、商品化率、年纯收入、农业收入或者非农收入占比等影响因素（张启文 等，2013；倪细云，2014；赵晓峰、余方，2016；张瑞荣 等，2018）；在合作社特征方面，经济收益（Rhodes，1983；黄胜忠，2008）、合作社满意度（张启文 等，2013；胡钰，2016）、利益分配公平度（汪志强、冷原，2012）、合作社培训（张广胜 等，2007；何国平、刘殿国，2016）是影响农民加入合作社的关键因素。其中，孙亚范、余海鹏（2012）认为，合作社的服务水平越高，发挥的作用越积极，对农户参与合作社的影响越明显。李敏等（2015）指出，合作社的服务水平和合作社技术培训的次数对农户参与度的影响较大，合作社的产前、产中、产后的管理服务越到位，技术培训越及时、全面，农户得到的实惠越多，越能增强农户对合作社的信任；在外部环境特征方面，销售的困难程度（郭红东、陈敏，2010）、政府支持情况（郭红东等，2009）、市场价格波动及对产品质量的要求（倪细云，2014）、地区特征（王克亚等，2009；徐建春等，2014）等对农户加入合作社具有一定的影响。此外，郭红东、蒋文华（2004）研究发现，当地农产品市场的发育程度、经济发展水平及农业生产的地区规模化水平是影响农户加入合作组织的重要因素。

从农户加入合作社影响因素的研究方法来看，主要采用的有二元Logistic 模型（朱红根等，2008；白丽等，2015）、二元 Probit 模型（张红云，2009；贺梅英、庄丽娟，2012）、多元 Logistic 模型（陈江华等，2014）、多元回归模型（王钊等，2015）、双变量 Probit 模型（朋文欢、傅琳琳，2018）以及随机效应模型（Karli et al.，2006）等。

（3）关于社员对合作社的参与研究。社员参与是指依法加入合作社的社员个体，通过多种形式参加合作社的生产经营活动，其包含业务、资本和管理参与三个维度，并在参与过程中分别形成了惠顾者、所有者与管理者三种角色（Reynolds，1997；Barton，2009；邵科、徐旭初，2013；韦惠兰、赵龙，2018），因而社员对惠顾、投资、管理三个维度的积极参与成为合作社成功的基本条件（蔡荣、易小兰，2017）。实践中，社员管理参与水平较低（Liang et al.，2013）；资本参与呈现出"核心社员积极控社，普通社员有限参与，实力雄厚社员自我发展式参与"的特征（陈燕等，2019）；业务参与是指社员通过产品和服务参加合作社的组织运行活动（邵科、徐旭初，2013），前者是指社员把自己所生产的农产品销售给合作社（Wadsworth，1991），而后者主要体现在社员参加合作社所提供的生产信息技术培训等（Bravo-Ureta et al.，1988；Theuvsen et al.，2007）。孙艳华、晏书诚（2018）研究发现，社员业务合作意愿、社长信任与系统信任对业务合作意愿具有显著影响，且积极的合作意愿对参与行为有促进作用。

部分学者进一步研究了社员对合作社参与的影响因素，代表性的研究有：Fulton（2005）认为，合作社社员特征、产权结构以及治理结构是社员农户参与合作社投资和交易意愿的主要影响因素。Pascucci（2011）研究发现，农户参与合作社并不必然促使其将产品全部销售给合作社，而尚未加入合作社的农户也可能选择与合作社进行交易。实践中，社员对合作社销售服务的利用情况不佳，普遍存在将农产品私售给第三方的现象（谭智心、孔祥智，2012；蔡荣、王学渊，2013）。孙亚范、余海鹏（2012）基于计划行为理论，采用有序 Probit 模型实证检验社员保持稳定交易关系意愿的影响因素。梁巧等（2014）采用多元回归模型考察社员参与合作社技术培训的影响因素，指出其受到认知性社会资本的正向影响。蔡荣等（2015）使用 Tobit 模型实证分析合作社组织结构、治理机制、社员特征、经营特征和外部环境五类因素对社员承诺的影响，即考察社员对合作社销售服务的利用情况。蔡荣、易小兰（2017）基于计划行为理论，从合作社组织特征、社会资本以及社员个体特征、组织认同等角度对影响合作社社员态度的因素进行实证分析，并进一步考察社员态度对惠顾等参与行为的影响。杨雪梅等（2018）基于"风险—信任"理论，运用中介效应模型验证社员信任对其参与销售服务和技术培训服务的影响程度。周宇等（2019）将农户参与合作社的决策行为分为农户是否参与和农户参与程度两个决策阶段，并分别采用二元 Logit 模型和有序 Probit 模型分析社会资本对农户是否参与合作社和参与合作社销售服务的影响程度。

可见，社员对合作社的参与主要体现在销售、技术培训等层面，且参与行为受到自身个体特征、合作社特征等因素的影响。

1.2.3 社员福利影响因素的相关研究

现有的部分研究聚焦在主观福利层面，如考察社员满意度，也有研究瞄准社员的客观福利层面，如产量、农业收入、家庭人均收入等。

（1）关于社员满意度的影响因素。社员满意度作为一种主观福利的评价，会受到社员年龄、性别、受教育程度等个体特征的影响（Lewis et al.，2009；Diaz - Serrano et al.，2011），社员社会资本（Hakelius，1998；Casadesus-Masanell et al.，2003；王昌海，2015）、潜在收益（Harris et al.，1996；毛文坤 等，2012）、感知价值（王丽佳、霍学喜，2016；张强强 等，2017）也是社员满意度的重要影响因素。从合作社层面来看，社员满意度受到理事长才能、社员规模、合作社规模、合作社成立类型等合作社基本特征（Bruynis et al.，2000；郭红东 等，2009；张超、吴春梅，2015）、合作社盈利能力、发展能力、示范带动能力（Hakelius，1998；Sexton et al.，1998；Österberg et al.，2009）以及合作社制度特征（Nilsson et al.，2009；

张超、吴春梅，2015；杨丹 等，2016）等的影响。此外，政府支持（杨雪、王礼力，2014；韦惠兰、赵龙，2017）对社员满意度也具有潜在的影响。而肖友利、刘凤（2012）发现，影响社员满意度的五个因子依次是政府因子、服务因子、收入因子、管理因子、个体因子。最新研究表明，与合作社成员满意度最相关的因素是成员之间的兼容性、合作伙伴的选择、人力资源、权力和控制，以及组织、社区及成员的发展（Figueiredo et al.，2018）。内部信任、内部规范两个变量与社员满意度存在显著的正相关性，而社会规范与社员满意度之间呈显著的负向相关关系（崔彩贤 等，2020）。可见，社员个体特征、家庭经营特征、合作社特征以及外部环境特征是社员满意度的重要影响因素。

常用的研究方法有二元 Logit 模型（郭红东 等，2009；肖友利、刘凤，2012；张超、吴春梅，2015）、有序 Probit 模型（韦惠兰、赵龙，2017）、阶层回归模型（廖媛红，2012；张连刚、柳娥，2015）、跨层次分析模型（周霞、周玉玺，2018）、结构方程模型（王昌海，2015；王丽佳、霍学喜，2016；张强强 等，2017）等。

（2）关于社员客观福利的影响因素。何国平、刘殿国（2016）研究发现，合作社年龄、资本额、理事长非普通农民背景、合作社资金服务、产品差异化服务等合作社因素对社员产品净收入有显著正向影响，社员经营因素、个人因素对社员产品净收入也有显著影响。王真（2016）认为，在控制了个体特征和合作社基本特征之后，社员制度、股权结构、决策方式、盈余分配四个方面的治理机制对社员增收具有显著影响。农户专用性投资有助于形成紧密的农社关系，随着农社关系由非社员逐步向影子社员、松散社员和紧密社员转变，农户的农业收入分别提高 8.01%、1.65% 和 2.46%（杨丹、刘自敏，2017）。徐志刚等（2017）探讨了农民合作社核心社员社会资本与政策资源获取及社员受益差异；果园管理、农资采购、技术获取、品质管理和销售管理等行为选择是影响种植户增收的关键因素（王云 等，2017）；农户年龄、耕地面积、土地块均面积、家庭劳动力、土地租金对农户增收效果影响显著（章磷 等，2018）。刘宇茨等（2019）研究发现，随着社员参与合作社的模式由消极向松散和紧密转变，其农业人均收入和家庭人均收入分别得到提高，且在小规模经营和低收入社员中尤为明显。不难看出，社员客观福利主要受到农户个体特征、家庭经营特征、合作社特征以及外部环境特征等因素的影响。

1.2.4 服务利用对社员福利影响的相关研究

（1）关于合作社对社员福利的影响机理，代表性的研究有，农业生产性服务业发展对农业全要素生产率的提升起促进作用，主要通过促进技术进步来提高农业全要素生产率（张恒、郭翔宇，2021）。许佳彬和王洋（2021）研究发现，农资供应服务、农业技术服务、农业信息服务、农机作业服务均能够显著提高玉米生产效率。卢华等（2020）指出，随着经营规模扩大，购买插秧、整地、收割、施药和施肥服务的农户数会不断增多。土地细碎化对农业社会化服务的影响会形成外部约束，降低了插秧环节的社会化服务对农业技术效率的正向影响，增强了施药环节对农业技术效率的负向影响。Biswas 等（2021）认为，农业推广服务有利于农民增长农业知识，促使孟加拉国农民提高技术效率，从而提高作物产量。

对于合作社这一服务主体而言，LeVay（1983）认为合作社是一种合适的组织形式：其一，能提供进入市场的通道，并在长期内保持市场稳定；其二，在经济规模基础上能够起到正面效应；其三，可以降低社员的生产和交易成本，增加社员的收入；其四，可以减少经济和技术上的不确定性。Sexton（1986）指出，合作社是一种厂商，当合作社的生产者剩余和消费者剩余达到最大化时，合作社社员和社会福利也达到最大化，而且合作组织可以通过经营大量业务达到规模经济。合作社这种集体化运营模式能够减少成本，降低交易频率，从而给社员带来增收（Royer，1995；戎承法、楼栋，2011；Charles，2012；王丽佳、霍学喜，2013）。张晓山（2009）指出，家庭联产承包责任制下分散农户的主要经营活动是农产品的生产与销售，合作社通过专业化分工和内部化服务，以内部的横向一体化代替外部的纵向一体化。于是，部分学者聚焦合作社纵向一体化展开深入研究（孟枫平，2014；刘颖娴，2015；郭翔宇 等，2018；Zhong et al.，2018），而不管是横向一体化还是纵向一体化，初衷都是节约交易成本，进而提高社员福利。

Chakravarty（2000）以印度国家乳制品发展委员会发展奶业为例，介绍其关键信息技术的应用，大幅度提高了牛奶的收集速度和质量，以及快速服务奶农的效率，从而解决了传统常规操作中的问题，使印度乳制品产业发生了巨大变化。Krasachat 等（2009）研究发现，合作社的社员培训可以通过积累人力资本来提高合作社效率；Lin 等（2022）进一步指出，合作社能够提升社员的全要素生产率和技术效率。Narayan（2012）通过研究印度合作社发现，合作社运营模式更容易取得银行融资，扩大农户生产规模，实现收入增加。Sultana 等（2020）和 Zhang 等（2020）研究发现，合作社可以促进农业生产技术的采用进而提高作物产量和农民收入。虽然合作社通过促进农户销售、抵御风险、融资便利、节约成本等为农户增收起到了积极的作用，但也存在监管及体制等方面的弊端（张庆亮 等，2017），容易出现"公地悲剧""搭便车"等困境（Olson，1973；秦愚，2018）。

（2）关于合作社对社员福利的影响效果，代表性的研究有：农业生产性服务业的发展能够提升粮食生产水平（王玉斌、李乾，2019；闫晗、乔均，2020；Biswas et al.，2021），具有增收效应（邱海兰、唐超，2019；赵鑫 等，2021）。曲朦、赵凯（2021）指出，采用农业社会化服务虽然可以显著提升农户家庭总收入和工资性收入，但会加剧农村内部收入差距。张恒、郭翔宇（2021）进一步研究发现，农业生产性服务对工资性收入的提升效果强于对经营性收入的提升效果。

作为农业生产性服务的重要供应主体，合作社通过为其社员提供服务，使参与者从合作经营中获取最大收益（Cook，2004），合作社能够促进农产品产量的提升（Zhang et al.，2020；Zhang et al.，2021）。在处理了自选择行为产生的内生性问题之后，农户参与农业分工、加入合作社对农户的农业收入有显著的正向影响（刘自敏、杨丹，2014）。在校正样本选择偏差的前提下，合作社对农户家庭农业收入的平均处理效应为 0.706（朋文欢、黄祖辉，2017），无论是平均处置效应还是未受处置组处置效应，都显示参加合作社的农户的工资收入和家庭金融资产余额均高于未参加合作社的农户（温雪 等，2019）。Yang 等（2021）研究发现，农民加入合作社并采用农业技术可以增加农业收入。

同时，合作社对社员福利的影响呈现出一定的异质性，其中，加入合作社对小规模农户的影响效果明显，而对大规模农户的影响效果不显著，因而农民对合作社的不理解和入社条件的限制，让小规模农户失去了提高收入的机会（伊藤顺一 等，2011）。张晋华等（2012）研究发现，加入合作社对农户纯收入的显著正向效应不仅体现在纯农户的农业收入上，而且体现在兼业农户的农业收入和工资性收入上。贫困地区合作社促进了农户收入增长，且对不同分位数农户收入增长的影响存在差异性，其中，高收入农户的收入增幅更大（胡联，2014）。合作社对普通社员的生产和收入的促进作用十分有限，由于社员间的异质性，核心社员受益程度普遍高于普通社员（廖小静 等，2016）。刘宇翔（2016）考察了农民合作社功能结构与农民收入的关系，发现与农民收入提高有关的功能结构，其关联度从大到小依次为供销、管理、生产、信用。合作社向农户提供更多的服务有利于农户增收（刘禹辰、平瑛，2018）。

不难看出，大部分研究结果表明，合作社能够促进社员福利的提高。但是，朋文欢、黄祖辉（2017）指出，合作社只有在充分发挥其服务功能的情况下其增收效果才显著。在合作社因"泛化"（黄胜忠，2014）、"异化"（徐旭初、吴彬，2017；马彦丽 等，2018）、"空壳化"（张益丰、孙运兴，2021；吕德文，2021）而不被看好的情况下，服务利用对社员福利的实际影响效果如何，值得深入探讨。

（3）关于合作社对社员福利影响的研究方法。当前，学者们主要采用的方法有多元线性回归模型（孙艳华 等，2007；温涛 等，2015；刘俊文，2017）、倾向得分匹配法（Fischer et al.，2012；Verhofstadt et al.，2015；Ortega et al.，2019）、处理效应模型（张晋华 等，2012；刘自敏、杨丹，2014）、双重差分模型（胡联，2014；张庆亮 等，2017）以及内生转换模型（Ma et al.，2016；Kumar et al.，2018）等。朋文欢和黄祖辉（2015）指出，如果加入合作社是外生变量，那么多元线性回归模型就足以用来评价合作社的增收绩效，但是农户是理性的，往往存在"自选择"行为，即基于利益最大化而进行行为选择，估计结果可能有偏。倾向得分匹配法可以有效消除估计偏误，但只能消除由可观测变量引起的选择性偏差，如年龄、经营时间等（王慧玲、孔荣，2019；杨晶 等，2018；陈乙酉、张邦辉，2018）。处理效应模型虽然可以解决由不可观测变量引起的选择性偏差，如农户能力等，但是该模型未考虑到农户个体间的结构性差异（李雪松、黄彦彦，2015）。双重差分模型需要满足两大前提条件，即随机性、同质性，条件比较苛刻（陈强，2013）。

与农户参加合作社相似，社员利用合作社服务也可能存在自选择行为，即可观测因素和不可观测因素同时影响社员对合作社服务的利用。因而测算服务利用对社员福利的影响，比较理想的计量模型是内生转换模型。

1.3 研究思路与研究内容

1.3.1 研究思路

本书旨在回答两大科学问题：其一，服务是合作社的本质属性，而合作社服务可持续发展的关键在于社员对其服务的积极利用。因此，本书深入考察了究竟有哪些因素影响了社员对合作社服务的利用。即服务利用的内在逻辑及影响因素是什么？其二，在合作社"泛化""异化""空壳化""内卷化"等被社会各界诟病的宏观背景下，服务利用是否还能促进社员福利的提升？即探讨服务利用对社员福利影响的理论逻辑，并测算其影响效果。回答这两个问题，有利于客观审视当前中国合作社的功能与价值，进而回应社会各界的质疑。

基于此，首先，本书尝试构建"服务利用—社员福利"分析框架，深入剖析社员服务利用的内在逻辑，系统分析服务利用对社员主观福利（如社员满意度）和客观福利（如柑橘产量、净收益、家庭收入）影响的理论逻辑。其次，基于宏观、中观统计数据以及四川省柑橘大县 74 个柑橘合作社和 524 个柑橘社员的微观调研数据，全面考察柑橘产业和柑橘合作社发展概况，深入分析服务利用的现状及问题。再次，运用二元 Logit 模型分析服务利用的影响因素。在此基础上，本书采用泊松模型从横向维度剖析服务利用宽度的影响因素，采用 Double-Hurdle 模型从纵向维度分析社员服务利用深度的影响因素，采用有序 Probit 模型考察服务利用对社员满意度的影响，运用内生转换模型分别考察服务利用对柑橘产量、净收益和家庭收入的影响，以及运用案例分析法来考察服务利用的理论逻辑和服务利用对社员福利影响的理论路径。最后，全面总结前面的研究结论，提出针对性和操作性较强的对策建议。本书的技术路线如图 1-1 所示。

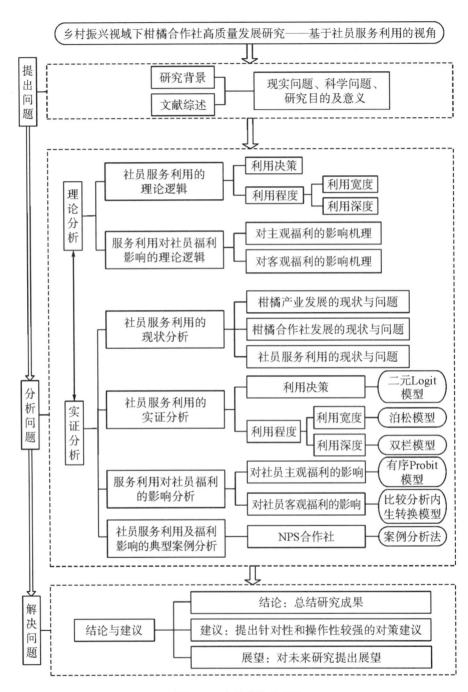

乡村振兴视域下柑橘合作社高质量发展研究——基于社员服务利用的视角

提出问题
  研究背景 ┐
           ├ 现实问题、科学问题、研究目的及意义
  文献综述 ┘

理论分析
  社员服务利用的理论逻辑
    利用决策
    利用程度 ┬ 利用宽度
             └ 利用深度
  服务利用对社员福利影响的理论逻辑
    对主观福利的影响机理
    对客观福利的影响机理

分析问题

实证分析
  社员服务利用的现状分析
    柑橘产业发展的现状与问题
    柑橘合作社发展的现状与问题
    社员服务利用的现状与问题
  社员服务利用的实证分析
    利用决策 — 二元Logit模型
    利用程度 ┬ 利用宽度 — 泊松模型
             └ 利用深度 — 双栏模型
  服务利用对社员福利的影响分析
    对社员主观福利的影响 — 有序Probit模型
    对社员客观福利的影响 — 比较分析内生转换模型
  社员服务利用及福利影响的典型案例分析 — NPS合作社 — 案例分析法

解决问题

结论与建议
  结论：总结研究成果
  建议：提出针对性和操作性较强的对策建议
  展望：对未来研究提出展望

图1-1　本书的技术路线

1.3.2 研究内容

基于上述研究思路,本书聚焦以下六项内容展开深入研究:

(1)服务利用及对福利影响的理论研究。本书尝试构建"服务利用—社员福利"分析框架。首先,科学界定农民专业合作社、农业生产性服务、服务利用与社员福利等核心概念的内涵与外延;其次,基于分工理论、供需理论和农户行为理论等深入剖析服务利用的内在机理;再次,基于交易成本理论和福利理论等,系统分析服务利用对社员主观福利(如社员满意度)和客观福利(如柑橘产量、净收益和家庭收入等)的影响逻辑,进而奠定本书的理论基础。

(2)服务利用的现状分析。本部分拟从以下几个层面进行现状剖析。首先,基于宏观和中观统计数据,全面考察中国及四川柑橘产业的发展现状,了解样本县柑橘产业的产业基础和发展环境;其次,利用四川省柑橘大县(市、区)74个柑橘合作社以及524个社员的微观调研数据,深入剖析当地服务利用的现状,比较分析利用和未利用合作社服务的社员之间的个体基本特征、家庭经营特征、合作社基本特征、合作社服务特征和外部环境特征等的差异,以及社员满意度、柑橘产量、净收益、家庭收入等主观福利和客观福利的差异,厘清社员服务利用面临的问题与挑战。

(3)服务利用的实证分析。本部分首先分析服务利用的决策;其次,从横向和纵向两个维度剖析服务利用的程度,其中,从横向维度考察的是利用宽度,从纵向维度考察的是利用深度。本书基于四川省柑橘大县(市、区)的74个柑橘合作社和524个社员的微观调研数据,分别采用二元 Logit 模型、泊松模型和 Double-Hurdle 模型,从社员个体特征(如年龄、受教育程度、服务需求、对合作社的了解程度、邻居是否利用)、家庭经营特征(如劳动力、种植面积、种植年限、销售风险、柑橘收入占比)、合作社基本特征(如示范等级、社员大会的表决方式、是否按交易量/股份分配盈余)、合作社服务特征(如服务的宽度、服务质量满意度、服务便捷度)以及外部环境特征(如外部服务市场的发育程度、经济区域)等维度,深入考察服务利用(利用决策、利用宽度及利用深度)的影响因素。

(4)服务利用对社员福利影响的实证分析。本部分从主观福利和客观福利两个层面来考察服务利用的福利影响。首先,基于四川省柑橘大县

（市、区）74个柑橘合作社和524个社员的微观调研数据，采用有序Probit模型，控制社员个体特征（如年龄、受教育程度）、家庭经营特征（如家庭人口、柑橘面积、种植时间）、合作社基本特征（如示范等级、社员大会的表决方式）以及外部环境特征（如外部服务市场的发育水平）等变量，重点考察服务利用对社员满意度的影响。其次，采用内生转换模型，控制社员个体特征（如年龄、健康状况、受教育程度）、家庭经营特征（如家庭人口、柑橘面积、种植时间）、合作社基本特征（如示范等级、社员大会的表决方式）以及外部环境特征（如外部服务市场的发育水平）等变量，深入考察服务利用对社员柑橘产量、净收益以及家庭收入三种客观福利的影响。

（5）服务利用及福利影响的典型案例分析。本部分以NPS合作社为例，采用案例分析法定性分析了服务利用及福利影响，重点论述服务利用的内在机理，以及服务利用对社员主观福利和客观福利影响的理论路径，通过定性分析与定量分析相结合，对理论部分进行了验证。

（6）提升服务利用水平及福利水平的对策建议。本书以柑橘合作社为例，深入考察服务利用及福利影响。首先，从理论层面深刻诠释服务利用的内在逻辑及福利影响的理论逻辑；其次，结合四川柑橘合作社及服务利用的生产经营实践，厘清服务利用的现状与问题，并用实证分析对理论架构进行验证，进而得出较为科学的结论；最后，提出针对性和可操作性较强的对策建议。

1.4 数据来源与研究方法

1.4.1 数据来源

本书的数据来源和使用情况如下：

宏观数据主要来自联合国粮食及农业组织、国家企业信用信息公示系统、中国农村统计年鉴2019、中华人民共和国农业农村部网站等，主要应用于对全球、中国以及四川等地的柑橘或合作社的现状分析中。

中观数据主要通过对四川省农业农村厅、内蒙古自治区农牧业厅进行调研所得，旨在获得省级层面柑橘、合作社等相关统计数据，主要应用于对四川省柑橘及合作社的现状分析中。

微观数据是本书的关键，来自笔者对四川省前十大柑橘大县 74 家柑橘合作社和 524 户社员的实地调研和电话调研。

1.4.2 研究方法

（1）文献资料法。梳理已有的相关研究成果，全面总结相关政策文件及统计数据等文献资料，对合作社、服务、利用、福利等概念的内涵与外延进行科学界定。在此基础上，本书围绕研究主题撰写文献综述、深入学习所涉及的理论，构建研究框架并设计研究方案。

（2）实地调查法。实地调查法具体涉及座谈法和问卷调查法两个部分。首先，基于研究框架和内容，本书科学设置访谈提纲和调研问卷，通过座谈法宏观掌握全省和样本县（市、区）的合作社及服务发展现状；通过问卷调查法微观考察样本合作社服务供给、服务利用及社员福利等相关信息。其中，问卷调查法可以分为两个阶段：第一个阶段为预调查，利用该阶段的结果对问卷做进一步的完善；第二个阶段为正式调查，该阶段需要获得目标数量的问卷。除特殊说明外，本书所涉及的数据皆来自实地调研。其次，本书对案例分析中的 NPS 血橙合作社进行追踪调研。

（3）电话调研法。本书在对 NPS 血橙合作社进行了追踪调研时，对理事长和部分社员进行了电话调研，具体通过电话追访理事长 2020 年合作社的经营概况，追访相关社员在 2020 年的柑橘生产经营状况。

（4）比较分析法。本书比较分析了利用合作社服务和未利用合作社服务的社员之间在个体特征、家庭特征、外部环境特征以及福利特征层面的差异。具体而言，个体特征层面比较了两类社员的年龄、健康状况、受教育程度、是否有特殊经历、是否使用智能手机、利用需求、对合作社的了解程度等的差异；家庭特征层面比较了两类社员的家庭人口、劳动力、种植时间、种植面积、土地转入、柑橘收入占比、销售风险、邻居是否利用等的差异；服务特征层面比较了两类社员接受的服务宽度、服务质量满意度、服务便捷度、外部服务市场的发育程度等的差异；外部环境特征层面比较了两类社员所处的经济区域等的差异；福利特征层面比较了两类社员在主观福利（如社员满意度）和客观福利（如柑橘产量、净收益、家庭收入）层面的差异。

（5）计量分析法。本书基于四川省柑橘大县 74 家柑橘合作社 524 个社员的微观调研数据，主要采用了二元 Logit 模型、泊松回归模型、Double-

Hurdle 模型、有序 Probit 模型、内生转换模型和多元线性回归模型六种计量分析方法。其中，二元 Logit 模型通常用来处理因变量只可能取 0 和 1 两种值的情形。本书中社员的利用决策只有利用和不利用两种情形，故适合采用二元 Logit 模型来实证分析服务利用决策的影响因素。

在此基础上，本书利用 Stata15 统计分析软件分别对上述模型进行了估计。

（6）案例分析法。本书以 NPS 血橙合作社为例，深入分析服务利用的内在逻辑，系统剖析服务利用对社员福利影响的理论逻辑。同时，通过案例分析这一典型的定性分析方法进行机制路径的探讨，与前文定量分析中的机制探讨有一定的呼应，进而达到定性分析与定量分析相结合的目的，共同对前文提出的相关理论进行验证。

1.5　主要创新之处

（1）构建了"服务利用—社员福利"分析框架。本书聚焦合作社的本质属性——服务，深入分析了服务利用的内在逻辑和服务利用对社员福利影响的理论逻辑，进而将服务利用和社员福利二者有机结合起来，弥补了以往相关研究主要考察入社行为对社员福利影响的不足，因而为客观评价合作社的功能与价值提供了分析范式。

（2）从利用决策和利用程度两个层面深化服务利用理论。本书不仅分析了服务利用决策，还从利用宽度和利用深度两个维度诠释了服务利用程度。其中，前者从横向维度来考察服务利用，后者从纵向维度来考察服务利用，弥补了以往相关研究侧重对利用决策进行分析，而对利用宽度和利用深度关注不足的缺陷。

（3）从主观福利和客观福利两个维度全面考察社员福利。本书基于可行能力福利理论，从主观福利和客观福利两个维度全面考察了社员的福利。其中，前者使用社员满意度来刻画，后者使用柑橘产量、净收益和家庭收入等来表征，避免了当前大多数研究侧重对主观福利或者部分客观福利进行分析的不足。结果表明，服务利用能够显著提升社员满意度和柑橘产量、净收益和家庭收入，进而为打破社会各界对合作社发展的质疑提供了经验证据。

2 核心概念、理论基础与分析框架

2.1 核心概念

本节借鉴相关研究成果，并结合实际现状，科学界定了农民专业合作社、农业生产性服务、服务利用以及社员福利等核心概念的内涵与外延，进而廓清了本书的研究边界。

2.1.1 农民专业合作社

农民专业合作社是一个"舶来品"，因而需要从国际的视角与历史的维度辩证看待。1844 年，英格兰成立的罗虚代尔公平先锋社（Rochdale Society of Equitable Pioneers），是人类历史上公认的第一个成功的合作社。罗虚代尔公平先锋社所规定的自愿与开放的社员资格，民主的社员控制，社员经济参与，自治与独立，教育、培训与告知，合作社之间的合作，关注社区的要求，即罗虚代尔七项原则，成为合作社区别于其他组织的"身份名片"（唐宗焜，2007）。1995 年，国际合作社联盟（International Cooperative Alliance，ICA）指出，"合作社是自愿联合起来的人民通过联合所有者与民主控制的企业来满足他们共同的经济、社会与文化的需求与抱负的自治联合体"。2001 年，联合国大会 56/114 号决议承认并认可了合作社这一特殊组织的原则与价值，明确要求各国政府采用 ICA（1995 年）的合作社定义，因而合作社得以在五湖四海遍地开花。

中国农民专业合作社发展起步较晚，2006 年 10 月 31 日《中华人民共和国农民专业合作社法》（以下简称《合作社法》）的颁布才使得合作社终于具有法人身份。《合作社法》第二条规定："农民专业合作社是在农村家庭承包经营基础上，同类农产品的生产经营者或者同类农业生产经营服务的提供者、利用者，自愿联合、民主管理的互助性经济组织。"经过 10多年的发展，合作社的数量与质量均得到提升，但同时也面临一系列新情况、新趋势。为了规范合作社发展，进一步提升合作社发展质量，全国人民代表大会常务委员会于 2017 年 12 月 27 日表决通过修订的《合作社法》，其中的一个显著变化就是取消了合作社定义中的"同类"限制。新修订的《合作社法》将合作社定义为"在农村家庭承包经营基础上，农产品的生产经营者或者农业生产经营服务的提供者、利用者，自愿联合、民主管理的互助性经济组织"。法律的修改顺应了合作社发展的新要求，合作社创新发展的道路必将更为宽广（邵科，2018；黄胜忠，2018）。

尽管 ICA（1995 年）的定义、《合作社法》都从法理层面厘清了合作社的内涵，但实践中大部分合作社已经背离了经典合作社的基本原则（朱哲毅 等，2018），因而部分学者尝试对合作社的本质进行诠释。其代表性的观点有：潘劲（2011）将产权视为合作社的"底线"，张颖、任大鹏（2010）认为治理无疑是辨别合作社真伪的依据，黄宗智（2015）认为"公益"才是真合作社的重要内容及要旨，邓衡山、王文烂（2014）认为"所有者与惠顾者同一"是合作社区别于公司及"公司+农户"的本质规定，黄祖辉、邵科（2009）和徐旭初（2015）认为自我服务和民主控制才是合作社最为本质的规定性。不难看出，学者之间并未达成共识，而《合作社法》对合作社的定义是广大学者较为接受的。

因此，本书借鉴《合作社法》的定义，将合作社界定为"在农村家庭承包经营基础上，农产品的生产经营者或者农业生产经营服务的提供者、利用者，自愿联合、民主管理的互助性经济组织"。本书主要聚焦柑橘合作社，即以柑橘为主导产业的农民专业合作社。一般而言，柑橘合作社的名称中会出现"柑橘"二字，而有的合作社名称中虽未出现"柑橘"二字，但只要合作社主要经营业务围绕柑橘生产展开，也将其视为柑橘合作社。

2.1.2 农业生产性服务

马克思指出，商品的社会大生产由"生产"和"服务"两个环节构成，其中，"生产"是指动植物自然再生长历程中由生产者自身完成的生产环节，"服务"是指其他生产环节交由独立的市场主体完成的交换关系的总和（龚道广，2000）。生产性服务是指为满足生产者的中间生产需求，外部主体以市场化手段提供的信息、技术、营销、物流、金融等系列中间投入服务的总称（Browning，1975；Marshall，1987；姜长云，2016）。农业生产性服务是指贯穿农业生产作业链条，直接完成或协助完成农业产前、产中、产后各环节作业的社会化服务。其中，产前的生产性服务主要有良种、农资、农机等服务，产中的生产性服务主要包括技术、信息、植保、保险等服务，产后的生产性服务则主要涉及加工包装、营销等服务（Reinert，1998；韩坚、尹国俊，2006；庄丽娟 等，2011；郝爱民，2011）。姜长云（2016）进一步强调，农业社会化服务与农业生产性服务概念相近，内容也大体相同，只是二者侧重点有所差异。前者强调服务的系统性和配套性，容易关注政府主导的公益性服务和传统经营性服务主体；后者更强调服务供给的市场化和产业化，强调服务的价值创造功能，但本书未对二者进行详细区别。

合作社服务特指由合作社这一新型农业经营主体提供的农业生产性服务，具体包含农资供应、农产品销售、农产品包装或精加工、技术和信息等服务（Baker et al.，2004；Fulton，2005；WorldBank，2006）。与之相类似的是，黄季焜（2010）指出，产品类合作经济组织提供的服务可以概括为技术或信息服务、统一提供农资、统一销售农产品和资金借贷服务四类。高钰玲（2014）研究发现，从全产业链来看，合作社服务包含产前的农资供应（品种规划服务、农资供应服务）、产中的生产管理（技术指导服务、田间管理服务）以及产后的产品销售（运输储藏服务、渠道规划服务）和产品加工（初级加工服务、精深加工服务）。黄凤、杨丹（2014）认为，从横向来看，合作社服务包括生产资料服务、农业技术服务、农业信息服务、农业金融服务、农业机械服务、农产品销售服务和农业基础设施建设服务。可见，农资服务、销售服务、资金服务、技术服务、信息服务是合作社服务的主要内容。

本书聚焦柑橘合作社。具体而言，农资服务主要包括合作社为社员提供农药、肥料、黄板、杀虫灯、套袋、薄膜、包装盒等，销售服务主要体现在合作社收购社员的柑橘，资金服务主要包括合作社为社员提供农资赊账、生产性贷款担保、信用评级证明以及购买农业保险等，技术服务主要包括有机肥和生物农药施用技术以及修枝整形、疏花疏果等田间管理技术的培训与指导，信息服务主要包括合作社为社员提供农资、技术、销售等信息。

基于产业链的视角来区分合作社服务的做法存在些许瑕疵，比如资金服务可能贯穿整个产业链条（庄丽娟 等，2011）。考虑到合作社是一种半公益性半经营性的组织，其部分生产性服务可能涉及资金往来，而部分生产性服务则不涉及资金往来。为了便于后文分析，本书借鉴徐旭初（2018）的研究成果，基于社员与合作社之间是否涉及资金核算和支付的标准，将合作社服务划分为"硬服务"和"软服务"两类。前者是指涉及资金核算和支付的服务，后者是指不涉及资金核算和支付的服务。具体而言，"硬服务"重点研究农资服务、销售服务、资金服务三类，"软服务"着重考察技术服务和信息服务两类，具体见图2-1。

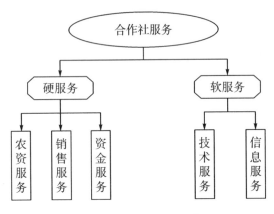

图2-1 合作社服务分类

因此，本书将合作社服务界定为"合作社这一特定的主体为农户（社员）提供的农业生产性服务"。

2.1.3 服务利用

本节先从"利用"的界定出发，再进一步深入诠释服务利用的内涵与外延。"利用"从字面上理解就是利于发挥作用。《老子·道德经》有言："三十辐共一毂，当其无，有车之用。埏埴以为器，当其无，有器之用。凿户牖以为室，当其无，有室之用。故有之以为利，无之以为用。"其所表达的核心含义是"实在"和"空虚"缺一不可，相互依存，前者提供便利，后者发挥作用。当前，学术界尚缺乏对"利用"的权威界定，但从现有的相关界定中不难看出，"利用"涉及利用主体、利用客体、利用对象，而"有用性""互补性"是理解"利用"的关键所在。"有用性"是指特定的利用对象对利用主体而言是有用的，利用主体的"利用"能够带来自身效用的提升，而"互补性"是指利用主体自身缺乏特定的利用对象，而外部存在相应的供给，因而可以将"利用"界定为利用主体为满足自身需要而对外部人力、资源、物质、工具、服务等的使用。在本书的语境下，服务利用的利用主体为社员，利用客体为合作社，利用对象为合作社提供的农业生产性服务，如农资服务、资金服务、销售服务、信息服务、技术服务等。本书主要探讨社员的利用行为。

对于服务利用这一特定行为而言，首先，社员就是否利用合作社服务做出决策（后文简称"利用决策"）。其次，对于利用了合作社服务的社员，又可以从两个维度来深入考察社员的利用程度。从横向维度来看，可以分析社员对合作社服务的利用宽度（后文简称"利用宽度"），即社员对合作社农资、销售、资金、技术、信息等生产性服务利用的种类数；从纵向维度来看，可以分析社员对每一种合作社服务的利用深度（后文简称"利用深度"），如农资服务利用深度使用 2019 年利用合作社的农资金额占当年全部农资金额的比例来表示，销售服务利用深度使用 2019 年经合作社销售的柑橘产量占当年全部柑橘销量的比例来表示，资金服务利用深度利用 2019 年借贷合作社的资金占总借贷资金的比例来表示，技术服务利用深度用 2019 年接受合作社技术服务的次数占总培训次数的比例来表示，信息服务利用深度使用 2019 年接受合作社信息服务的次数占全部信息服务次数的比例来表示。具体见图 2-2。

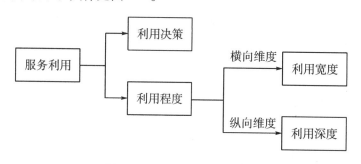

图 2-2　社员服务利用的外延

因此，本书将合作社服务利用界定为"社员对合作社农资、销售、资金、技术、信息等农业生产性服务的利用"，具体考察社员的利用决策、利用宽度和利用深度。其中，后两者是从横向和纵向两个维度对合作社服务利用进行的深层次考察。

2.1.4　社员福利

福利（welfare）是消费特定商品或者服务而从中获得的效用（庇古，1920），是人们需求或者欲望满足的程度（Easterlin，1995），其与效用、偏好、满足度、幸福度以及快乐水平等概念相近。可见，福利具有一定的主观性。在合作社社员主观福利的刻画上，常见的指标为社员满意度（廖媛红，2012；王昌海，2015；王丽佳、霍学喜，2013）；而在社员客观福利的具体刻画上，主要聚焦在经济福利上，如有学者瞄准农业收入方面（苏群、陈杰，2014；王云 等，2017；伊藤顺一 等，2011），也有学者聚焦社员家庭收入层面（刘俊文，2017；温雪 等，2019；张庆亮 等，2017）；还有学者将上述两个或多个方面结合起来进行研究，代表性的研究有：Kumar 等（2018）利用牛奶产量、每升净收益测算乳业合作社社员的福利，刘宇荧 等（2019）从农业人均收入和家庭收入方面考察合作社社员的福利，Van 等（2016）考察了咖啡合作社社员的收入和产量，Ma 等（2016）从苹果产量、苹果净收益以及家庭收入方面考察苹果合作社社员的福利。若单一对社员主观福利或者客观福利进行考察，则显然不能对社员福利进行较为全面的刻画，因而需要从主观和客观两个层面对社员福利进行考察。

因此，本书将福利界定为"社员对合作社服务的满足程度"。具体通过两个层次进行刻画：首先，采用"对合作社服务的总体满意度"（后文简称"社员满意度"）来考察社员的主观福利；其次，采用柑橘亩产量、净收益、家庭收入等来综合考察社员的客观福利。

2.2　理论基础

本节聚焦分工理论、供求理论、农户行为理论、交易成本理论以及福利理论等核心理论，深入诠释其在本书中的借鉴与利用，进而奠定本书的理论基础。

2.2.1　分工理论

古典经济学家亚当·斯密（1776）在其著作《国富论》中首次系统地提出分工理论，即"斯密定理"。分工理论的核心思想主要体现在以下三个层面：其一，分工是经济增长的源泉。分工能够提升每个工人的劳动熟练程度，节约劳动时间，有利于把最先进的技术运用于生产，从而全面提高劳动生产力。其二，资本积累是分工作用发挥的基础。在工人数量一定的条件下，分工的持续深入提高了劳动生产力，新的劳动生产力要求增加相应的生产资料，生产资料的增加是资本积累的保障。其三，市场规模会限制分工。分工程度受限于市场购买力，过小的市场交易范围是无法实现分工细化的。同时，市场范围又取决于运输条件所能覆盖的人口及资本数量，因而基础设施也是分工发展的重要条件。

马克思（1867）将分工视为劳动生产力提高的重要源泉，其对分工理论的发展主要体现在四个方面，即分工改变生产过程、分工促进劳动生产专业化、分工受到技术条件的约束、分工能够产生需求和供给。新古典经济学进一步继承和发展了分工理论（马歇尔，1980；Young，1928；Becker et al.，1992），其将报酬递增、迂回生产等概念纳入理论框架，认为报酬递增是分工促进经济增长的源泉，迂回或间接生产以及人力资本积累等是分工促进经济增长的路径，强调分工发展与市场规模之间的累积循环关系（刘晗，2017）。农业分工水平可用生产的迂回程度和产品种类数来描述，农业分工层次的不断深化表现为产品种类的分工到生产环节的细化，所以农业分工可以分为横向分工和纵向分工。其中，横向分工是不同农作物种类之间的分工与专业化，纵向分工是不同的生产环节进行迂回生产，交由不同的主体来完成（陈昭玖，2016）。

本书聚焦小农户生产的纵向分工。传统的生产经营环节由小农户自身独立完成，而随着分工的深化，部分生产环节独立出来，并由专门的服务组织来提供。合作社基于自身独特的优势，在农业生产性服务供给中扮演着重要的角色，如合作社提供农资服务、技术服务、销售服务、信息服务、资金服务等农业生产性服务。社员基于自身效用最大化，在独立完成整个生产经营环节或者利用合作社提供的部分或者全部生产性服务之间做出抉择。

2.2.2 供求理论

供求理论是供给理论与需求理论的统称，是市场经济的基本理论，主要分为马克思供求理论与新古典供求理论两个学派。

马克思认为，市场经济中存在两个相互对立的主体——卖者和买者，二者是商品与货币之间的关系，抑或是使用价值和交换价值之间的关系，即供给与需求。马克思指出，供给和需求虽然皆由生产本身所决定，但二者在总量上并没有必然联系，供给和需求虽然并不能决定商品的价值，但共同决定着商品的价格波动。社会性和阶级性是供求关系的显著特点。

新古典供求理论认为，需求是指在一定的条件下和一定的价格水平上，消费者愿意并且能够购买得起的某种商品的数量。需要指出的是，经济学上的需求概念和一般意义上的"需要""欲望"等概念存在本质差异。"需要""欲望"仅仅为生理上的要求或心理的、主观的愿望，如果消费者不具备相应的货币购买能力，则其仅仅是一种愿望而已。只有当消费者既有购买的欲望又有购买能力时，才形成需求，并且需求总是对应着一定的价格水平。影响需求的因素有很多，主要有商品本身的价格、其他商品的价格、消费者的偏好、消费者的收入、人们对未来的预期等。在其他条件不变的情况下，商品的需求量与其价格之间存在反向的依存关系，即商品价格上涨，需求量减少；反之，需求量增加。供给是指生产者在一定的时间内，对应着一定价格水平所愿意并且能够提供出售的某一商品的数量。影响供给的因素也比较多，主要有商品本身的价格、生产技术和管理水平、生产要素的价格、其他商品的价格、对未来的预期等。在其他条件不变的情况下，商品的供给量与其价格之间存在正向的依存关系，即商品的价格上涨，供给量增加；反之，供给量减少。只有当供给与需求大致相等时，市场才会实现均衡，否则就会围绕均衡点进行波动，比如农业中常见的"蛛网理论"。在市场非均衡中探讨供给与需求之间的相互影响是经济学界讨论的热点话题，比较著名的是相互对立的"萨伊定律"和凯恩斯主义。前者认为"供给决定需求"，而后者提出"需求决定供给"，通过刺激有效需求可以稳定并促进经济发展，其对 20 世纪 30 年代美国经济的复苏起了重要的指导作用。供需约束下的社员服务利用行为见图 2-3。

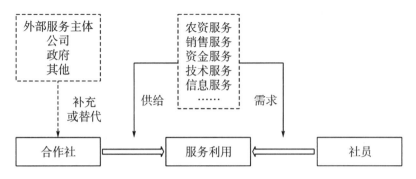

图 2-3 供需约束下的社员服务利用行为

在本书中，供求理论针对的是农业生产性服务市场。具体而言，农业生产性服务的需求方为柑橘合作社社员，其柑橘小规模生产由于成本高、风险大、市场竞争不足等弊端，产生出对农资、销售、资金、技术、信息等农业生产性服务需求（叶敬忠 等，2018）。与此同时，随着农业分工的深化，农业生产性服务得到迅速发展，并形成了合作社、公司、政府等多元供给主体，合作社因为制度和数量优势成为农业生产性服务最重要的主体之一。为了方便后续研究，本书将农业生产性服务的供给方分为合作社服务和外部服务主体两类，而合作社服务将是本书关注的重点，外部服务主体提供的外部服务与合作社服务可能是一种补充关系，也可能是一种替代关系，有待后续进一步验证。供求状态决定市场均衡。同理，供求决定社员对合作社生产性服务的利用。一方面，服务利用取决于合作社服务供给，即有供给才可能有利用，合作社服务供给可以从供给数量、供给质量、服务便捷度等层面进行评价，但同时，外部服务市场可能对合作社服务产生一定程度的补充或者替代作用；另一方面，服务利用取决于社员自身的需求，否则，合作社服务供给将会是无效供给，不利于合作社的可持续发展，而社员的个体特征以及家庭经营特征将会影响其内在的需求。由此可见，服务利用同时受到合作社服务供给以及社员自身服务需求两个维度的综合影响。

2.2.3 农户行为理论

农户行为理论主要可以划分为三大流派，即组织生产学派、理性行为学派和历史学派。其中，组织生产学派的典型代表为俄国经济学家亚历山大·恰亚诺夫（Alexander Chayanov）。他认为，农户所做的生产决策主要用于优先满足其家庭的生存和生活需要，再考虑劳动力供给，即当农户的生产活动不能满足家庭需要时，即便生产的边际收益远低于工资水平，农户依旧会继续增加劳动供给；而当农户的生产活动满足家庭需要时，即便边际收益高于工资水平，农户依然不会增加劳动供给（恰亚诺夫，1925）。可见，该学派认为，农户的生产经营活动主要是满足其生活和生存需求，并不追求利润最大化，是保守、落后和非理性的。由于该理论的前提假设是非市场经济条件，因而也受到一些学者的质疑（Eric Hobsbawm，1980）。

理性行为学派的典型代表为美国的经济学家西奥多·舒尔茨（Theodore Schultz）。他认为，小农是"理性小农"，而非"非理性小农"。在完全竞争市场环境下，农户能够基于利益最大化的考虑，合理配置自身的生产要素，因而小农也是有效率的（舒尔茨等，1987）。

历史学派的典型代表为华裔历史社会家黄宗智。他以中国的国情和农情为背景，指出农户是"有限理性"的。具体而言，农户可能并没有边际报酬的概念，但由于土地规模的局限以及家庭剩余劳动的数量较多，劳动力的机会成本几乎为零，因此，在实际边际报酬很低的情况下，小农依旧会进行生产投入（黄宗智，2000）。

上述三个学派由于所处的历史阶段、研究对象、研究方法不同，必然会得出不同的结论，但这些观点在不同程度上拓宽了农户行为研究的范围，对完善我国市场制度和政府政策提供了一定的帮助。在市场经济条件下，农户行为一般都是在追求自身效益的最大化，但又受到经济、社会、自然、文化等因素的影响，不同农户的行为决策在特定的环境条件下都有其合理性。

组织生产学派的农户行为理论的前提假设是非市场，而理性行为学派的农户行为理论的前提假设是完全市场，显然不符合中国特殊的国情和农情。而以黄宗智为代表的历史学派以中国特殊的国情和农情为背景提出的农户行为理论，比较适用于分析四川柑橘社员对合作社服务的利用。一般情况下，若社员认为利用合作社服务能够带来自身效用的提升，就会选择利用，否则就不会选择利用。同时，服务利用又会受到自身能力以及外部环境等多重因素的影响，最终社员会做出有限理性的行为选择。因此，本书中的农户行为理论主要用于分析服务利用。

2.2.4　交易成本理论

交易成本的概念源自美国芝加哥大学的科斯教授在 1937 年撰写的鸿文

《企业的性质》，由此催生了新制度经济学的诞生。科斯从节约交易成本的视角出发，认为市场与企业之间存在一种相互替代关系，即企业是一种替代市场的经济组织，因为企业能够节约市场中的交易成本，所以企业能够替代市场。企业与市场最不一样的地方是，企业内部的资源配置不是以价高者得的方式进行的，而是由企业家的权威命令和领导指挥来实现的，而企业这种自上而下的"科层式"资源配置机制却恰恰能够节约上述市场交易过程中产生的信息成本、谈判成本和保护成本。

部分学者对交易成本的内涵进行了深入分析，如张五常（1998）从广义上定义交易成本，认为其内涵宽广，包括律师、金融制度、警察、经纪人等收入，即除那些与物质生产和运输过程直接有关的成本以外的其他成本都是交易成本。菲吕博顿和瑞切尔（2001）将市场型交易费用概括为合约的准备费用（搜寻和信息费用）、决定签约的费用（谈判和决策费用）、监督费用和合约义务履行费用，将管理型交易费用归纳为建立、维持或改变一个组织设计的费用（固定的交易费用）。组织运行的费用涉及两个子类，一是信息费用（与制定决策、监管命令的执行、度量工人绩效有关的费用，代理的费用，信息管理的费用等），二是与有形产品和服务在可分的技术界面之间转移有关的费用（比如半成品滞留的费用、在企业内运输的费用等）。威廉姆森（1979）认为，交易成本包括搜寻成本、信息成本、溢价成本、决策成本。随后，将其分为事前交易成本和事后交易成本，其中，事前交易成本是指签约、谈判、保障契约等成本，事后交易成本是指契约不能适用所产生的成本。同时，他还指出，提高交易资产的市场流动性，降低市场信息的不对称，将高昂的经济活动内部化有利于降低交易成本（威廉姆森，1985）。王丽佳（2013）从信息成本、谈判成本、执行成本、运输成本四个维度测算了苹果种植户和果农合作社交易产生的交易成本。家庭生产方式使分散的单个农户支付搜寻成本、检验成本、监督考核成本和协调成本的能力较弱，限制了农户获取分工经济的能力和程度，而合作社在确保家庭生产方式对农业生产的长期激励的前提下，通过合作方式使单个农户有机联系起来，保证单个农户具有剩余索取权，能够有效降低单个农户的交易成本（刘自敏、杨丹，2013）。农户加入合作社，能够节约由于信息不充分和不对称而产生的交易成本（Staatz，1987；Holloway et al.，2000；Hellin et al.，2009）。

本书中，社员如果与市场或者其他主体之间进行交易就会产生较高的交易成本，比如搜寻成本，社员需要优质的良种、农药、化肥等农资渠道，也需要稳定的销售渠道，以确保自身的产品"卖得出""卖得好"，而社员由于信息不对称，难以及时获得自身所需的市场信息。由于社员单家独户的规模小，难以获得规模经济优势，在市场谈判中处于不利的地位，同时还需要花费大量的时间和精力。由于缺乏相应的约束机制，违约现象时有发生，因而也可能带来潜在成本的增加。而合作社服务具有一定的规模优势，社员可以获得免费或者低廉的农资服务。同理，合作社的市场竞争能力较强，社员利用合作社的销售服务可以获得一定的产品溢价。同时，合作社提供的信息服务能够有效化解信息不对称，使社员获得相应的市场信息，而合作社技术服务有利于解决科技推广"最后一公里"的问题。此外，合作社是社员所有，因而不会或者很少发生"敲竹杠"现象，避免了违约成本的产生。由此可见，合作社服务可以有效降低上述一系列的交易成本（Feinerman et al., 1991；Barton，2000），进而促进社员福利的提高。

2.2.5 福利理论

福利理论可以追溯至 1920 年，标志性事件为英国著名的经济学家庇古（Pigou）出版的学术著作——《福利经济学》，自此奠定了福利经济学研究的理论大厦之基。庇古也被称为福利经济学之父。福利理论从诞生至今，大致经历了效用福利理论、物质福利理论与可行能力福利理论三个阶段（丁琳琳 等，2017）。具体见图 2-4。

效用福利理论　　物质福利理论　　可行能力福利理论

图 2-4　福利理论发展脉络

效用福利理论的代表人物有庇古、马歇尔等。在他们看来，福利是消费特定商品或者服务而从中获得的效用，因而是指人们需求或者欲望满足的程度（Easterlin，1995）。可见，福利与效用（utility）、偏好（preference）、满足度（satisfaction）、幸福度（well-being）以及快乐水平

（happiness-levels）等概念相近，但又彼此有所区别（高进云，2008）。可见，效用福利理论是一种主观福利理论。

然而，效用福利理论的主观性较强，且存在效用难以测量的不足。为了弥补这些缺陷，一些经济学家开始尝试使用货币、资源等物质数量的多寡来考察福利高低（Dworkin，1981；罗尔斯，1988），即物质福利理论。对于农民而言，常见的经济福利有农业产出（王祖力、肖海峰，2008；许庆 等，2011；翟雪玲、戴鹏，2021）、收入（温涛 等，2005；李功奎、钟甫宁，2006；冒佩华、徐骥，2015）等。庇古（2017）也指出，福利可划分为经济福利和非经济福利，二者之间并不存在精准的分界线，但是有关货币度量适用性的检验仍然为两种福利的大致划分提供了相当好的手段，而根据这种检验所粗略定义的经济福利，是经济学科的重点研究对象。诚然，物质福利理论是一种客观福利理论。

物质福利理论虽然能将福利在一定程度上进行量化，但在面对诸如快乐、幸福等主观福利时，后者真真切切地存在于客观生活中，物质福利理论却显得束手无策，因而同样饱受诟病与质疑。随着对福利认识的不断深化，1998 年的诺贝尔经济学奖获得者阿玛蒂亚森构建了可行能力分析框架（capability approach），并从经济条件、社会机会、政治自由、透明性保证与防护性保障等方面考察个体福利（Sen，2002），即可行能力福利理论。不难看出，可行能力福利理论将主观福利理论与客观福利理论结合起来，较为全面地考察了个体福利，因而被越来越多的学者认可，现多被用于贫困治理（王小林、Alkire，2009；王春超、叶琴，2014；杨龙、汪三贵，2015）和土地流转农户的福利（高进云 等，2007；游和远 等，2013；姚树荣、熊雪锋，2018）等相关研究中。

本书主要借鉴的是可行能力福利理论。对柑橘合作社社员而言，一方面，服务利用可能会带来潜在的主观层面的心理满足，即效用福利。借鉴相关研究，本书具体使用社员满意度来刻画社员的主观福利。另一方面，服务利用可能会给自身带来潜在的客观福利。借鉴相关研究（苏群、陈杰，2014；Ma et al.，2016），本书用柑橘产量、柑橘净收益、家庭收入等来表征社员的客观福利。因此，本书中的社员福利兼顾主观福利和客观福利，具体包含社员满意度、柑橘产量、柑橘净收益和家庭收入。

2.3 分析框架

2.3.1 "服务利用—社员福利"分析框架

本书旨在回答两大科学问题：服务利用的内在逻辑及影响因素是什么？服务利用对社员福利的影响逻辑及影响效果如何？基于此，本书尝试构建"服务利用—社员福利"分析框架（见图2-5），以深入分析服务利用的理论逻辑，系统剖析服务利用对社员福利影响的内在机理，进而为后文的实证分析奠定理论基础。

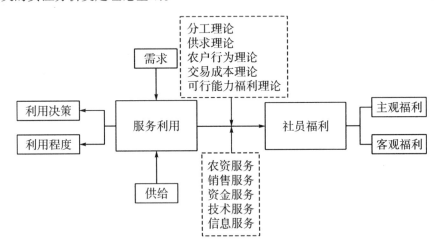

图 2-5　本书的分析框架

（1）对于社员服务利用而言，分工促进了农业生产性服务的发展，合作社因为数量、制度等优势成为农业生产性服务的重要供给主体。与此同时，小农户生产的天然劣势决定了其对农业生产性服务具有一定的需求。服务利用实际上受到"需求"和"供给"的双重影响。其中，需求主要受到社员个体特征、家庭经营特征等的影响，供给则受到合作社基本特征、合作社服务特征、外部环境特征等的影响。社员作为一个理性的个体，基于自身效用最大化进行行为选择。

（2）对于服务利用对社员福利的影响而言，基于可行能力福利理论，从主观福利和客观福利两个层面对社员福利进行刻画。其中，主观福利则用社员满意度来表征，而客观福利用社员柑橘产量、净收益和家庭收入来表示。社员若利用合作社服务，则可能通过节约交易成本、优化劳动力配置等途径促进自身福利的提高。

2.3.2 社员服务利用的理论分析

基于相关文献的梳理和对实践的观察，社员对合作社服务的利用首先从利用决策开始，即自身是否利用合作社提供的农业生产性服务；其次，可以从横向和纵向两个维度深度考察社员对合作社服务的利用程度。具体而言，既可以从横向维度来考察社员对合作社服务利用的种类数，即利用宽度，也可以从纵向维度来考察社员对某一类合作社服务的利用比例，即利用深度。利用决策、利用宽度和利用深度背后的理论逻辑是一致的，具体分析如下：

随着分工的深化，出现了农业生产性服务业（罗必良，2017），如农资服务、销售服务、资金服务、技术服务和信息服务等，这些服务的供给主体主要包括政府、龙头企业和合作社三类（郝爱民，2011）。合作社以特定的组织目标，农户同一性强的组织基础，以及集所有者、推广者和使用者于一体的社员制度等独特优势（杨丹，2019），同时具有赋权于民、提高社员主观能动性等特殊优点（赵黎，2019），在政府、企业及中介组织等多元生产服务供给主体中独具优势（高钰玲，2014）。为了方便后续研究，本书将农业生产性服务划分为两类：一类是合作社提供的农业生产性服务（后文简称"合作社服务"），另一类是由除合作社以外其他外部主体提供的农业生产性服务，构成外部服务市场。外部服务市场对合作社生产性而言，既可能存在一定的替代关系，也可能存在互补关系。本书聚焦合作社服务展开研究。社员服务利用的理论框架见图2-6。

在柑橘生产面临自然、市场、政策和疫情等多重风险的背景下，基于风险规避理论（Lipton，1968）和理性经济人理论（Schultz，1968），社员通常兼顾风险规避和自身收益最大化进行行为决策。因此，社员是否利用合作社服务？利用程度（利用宽度、利用深度）如何？皆取决于社员所获得的潜在效用和风险规避情况，如果服务利用能够带来潜在效用的提升，且能够有效规避风险，那么社员就会选择利用合作社服务。如果利用宽度越宽，社员所获得的潜在效用越大，越能够规避风险，那么社员自然也会增加服务利用宽度。如果利用深度越大，社员所获得的潜在效用越大，越能够规避风险，那么社员亦会增加服务利用深度；相反，如果服务利用不能带来潜在效用的提升，且不能有效规避风险，那么社员将不会利用合作社服务，且会减小服务利用宽度和服务利用深度，转而从外部服务市场获取农业生产性服务。当然，如果社员没有需求或者需求非常低，其也可能不利用任何来源的农业生产性服务。

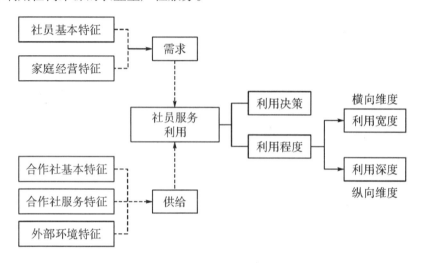

图 2-6 社员服务利用的理论框架

基于供需理论，社员服务利用受到"供给端"和"需求端"的双重影响（Wu et al., 2018）。从需求层面来看，社员个体特征和家庭经营特征在一定程度上影响了社员服务利用。

在社员个人特征中，苏群等（2012）认为，年轻农户和老年农户更容易接受合作经营，因而年龄对社员服务利用具有潜在的影响。教育能够促使社员加入合作社（张美珍 等，2010；Jitmun et al., 2020），因为教育是人力资本的重要获取途径，受教育程度越高，社员越容易认识到合作社的优势所在，因而其利用合作社服务的可能性越大。对农业生产性服务的需求越大，社员利用合作社服务的可能性自然越大。而对合作社越了解，社员越清楚合作社服务供给的数量、质量、便捷度等相关信息，其参与合作社的概率越大（孙亚范，2003；黄文义 等，2011；Ji et al., 2019；Li et al., 2021）。社员社会资本对合作社的发展至关重要（吕晨钟、傅新红，2014；张颖，2018；梁巧，2021），因为中国农村社会具有"熟人社会"以及"半熟人社会"的典型特征，亲友之间的影响力很大（费孝通，

1998；贺雪峰，2003），个体行为受到邻里或者群体行为的潜在影响（Becker，1991；Enander et al.，2009；姚瑞卿、姜太碧，2015），因而若邻居利用合作社服务，社员自身利用合作社服务的概率可能越大。

而在家庭经营特征中，劳动力越多，其利用外部生产性服务的可能性越大，因而社员利用合作社服务的可能性会减小。合作社能够促进土地流转（Li et al.，2021），而种植面积增加会增加社员对农业生产性服务的潜在需求（赵晓峰、余方，2016），因此种植面积增加可能会促进社员对合作社服务的利用。种植年限越长，社员积累的经验越丰富，因而其利用合作社服务的概率可能会降低。合作社具有降低"双重"风险的重要作用，因而销售风险越大，农户加入合作社的可能性越大（郭红东、陈敏，2010），其利用合作社服务的可能性也会越大。柑橘收入占比越大，表明社员家庭专业化程度较高，对农业生产性服务的需求可能越大，因而其利用合作社服务的概率可能会增加。

从供给层面来讲，合作社基本特征、合作社服务特征和外部环境特征会影响社员服务利用。在合作社基本特征中，合作社的示范等级越高，证明合作社越规范，社员利用合作社服务的可能性越大。而合作社社员大会若按照"一人一票"进行表决，表明合作社的决策机制比较民主，有利于社员的管理参与和业务参与，因而社员利用合作社服务的可能性较大。若按交易量/股份分配盈余，代表合作社的分配制度比较健全（刘宇荧，2019；孔祥智，2021），社员的获得感较强，其利用合作社服务的可能性越大。

可用性、可及性、多样性、相关性、有效性等是评价农业服务的重要指标（Kassem et al.，2021）。在合作社服务特征中，合作社向农户提供更多的服务有利于农户增收（刘禹辰、平瑛，2018），因为合作社的服务水平越高，发挥的作用越积极，越容易促使农户参与合作社（张广胜 等，2007）。李敏等（2015）也指出，合作社的服务水平和合作社技术培训的次数对合作社参与度影响较大。合作社的产前、产中、产后的管理服务越到位，技术培训越及时、全面，农户得到的实惠越多，越能增强农户对合作社的信任，因此，本书从服务宽度、服务质量、服务便捷度三个层面刻画合作社服务的供给特征。其中，服务宽度越宽，表明合作社服务供给种类越齐全，社员利用合作社服务的可能性就越大；服务质量满意度越高，表明合作社服务的质量越高，社员越倾向于利用合作社服务。合作社服务越便捷，越有利于降低社员的交易成本（王丽佳、霍学喜，2013），因而其利用合作社服务的可能性越大。

在外部环境特征中，外部服务市场的发育程度对合作社服务具有一定的替代作用（何国平、刘殿国，2016），因此外部服务市场越发达，社员利用合作社服务的可能性有可能会减小。地区特征对农户参与合作社具有潜在影响（王克亚 等，2009）。由于不同地区的经济发展水平（郭红东、蒋文华，2004）以及生产性服务发育程度等存在差异，因此会影响外部农业生产性服务的供给，进而影响社员对合作社服务的利用。

合作社基本特征、合作社服务特征会间接影响合作社服务供给，外部环境特征会间接影响外部服务市场的农业生产性服务供给，合作社服务与外部服务市场既可能是替代关系，也可能是互补关系。

社员正是在合作社服务供给、外部服务市场供给和自身农业生产性服务需求等约束下，基于效用最大化的考虑而进行服务利用的行为抉择，具体见图2-6。

2.3.3　服务利用影响社员福利的理论分析

基于文献梳理和对现实的观察，本书将合作社服务主要界定为五个方面，即农资服务、销售服务、资金服务、技术服务以及信息服务。借鉴可行能力福利理论，本书进一步从主观福利和客观福利两个层面深入考察社员福利，因而对应的理论分析部分也分别剖析了服务利用对社员主观福利和客观福利的影响。

2.3.3.1　服务利用对社员主观福利的影响分析

福利是指消费特定商品或者服务而从中获得的效用，是人们需求或者欲望满足的程度（Easterlin，1995），其概念与效用、偏好、满足度、幸福度以及快乐水平等相近，最早的福利理论是效用福利理论，即从主观层面对福利进行刻画。因此，对柑橘合作社社员的福利进行考察，首先应该关注的是主观福利。本书考察合作社服务利用及对社员福利的影响研究，具体而言，通过社员满意度来刻画社员主观福利。

从各种合作社服务的单独影响来看，社员可以利用合作社提供的农药、肥料、黄板、杀虫灯、套袋、薄膜、包装盒等农资服务，一方面，可以获取足够数量的农资；另一方面，可以在一定程度上保障要素投入的质量。社员利用合作社销售服务，可以有效降低谈判成本、搜寻成本，也可以提高溢价或者销售的比例。社员利用合作社资金服务，可以增进社员对生产性资金的可及性，有利于社员优化要素配置，并在一定程度上保障社员按时生产。合作社提供先进、适用的农业生产技术，可以提升社员人力资本，进而增加自身收益。社员利用合作社信息服务，可以有效降低信息不对称，增进社员对农资、销售、资金、技术等的可及性，进而促进柑橘社员与要素市场（农资、资金、技术等）和产品（销售）市场的有效对接。在上述每种情形下，社员满意度都较高。概括起来，合作社服务主要通过降低自然和市场双重风险以及降低信息不对称、谈判成本、搜寻成本，提高市场谈判地位和产品溢价，优化要素配置等路径，进而提高社员满意度。

上述分析仅仅阐释了每种合作社服务的福利影响。实际上，社员有可能不只利用一种合作社服务，因此，福利影响应该是多种服务叠加的结果。前文已界定，社员获取农业生产性服务有两个渠道：一个是合作社服务，另一个是外部服务市场。与外部服务市场相比，如果合作社服务在数量、质量、及时性等方面不及它，那么社员满意度就会下降。此外，其他因素也会影响社员满意度。因此，服务利用对社员满意度的影响方向不确定，有待进一步验证。

2.3.3.2 服务利用对社员客观福利的影响分析

本书从社员柑橘产量、净收益和家庭收入三个层面刻画社员客观福利，进一步深入探讨服务利用对社员客观福利的影响逻辑。

（1）服务利用对社员产量影响的理论分析。

从合作社农资服务来看，合作社联合普通柑橘农户，提高其市场谈判地位（黄祖辉，2000；何慧丽，2007；Trebbin，2014），推动柑橘农户与农资市场有效衔接，并在一定程度上保障种苗、农药、肥料等农资的品质，夯实投入要素的质量（巩顺龙 等，2012；Zhou et al.，2016；Li et al.，2021），进而提升社员的边际产出，因而社员柑橘产量有可能得到提升。

从合作社销售服务来看，柑橘社员作为一个有限理性的"经济人"（黄宗智，2000），为了追求潜在收益（North，1990；周应恒、胡凌啸，2016），其在利用合作社销售服务的过程中可能存在两种不同的策略选择：一种是通过提升产量达到以量取胜的目的，另一种是通过提升品质达到以质取胜的目的；而后者在一定程度上会牺牲柑橘产量，因而社员利用合作社销售服务对自身柑橘产量的影响不明确。

从合作社资金服务来看，合作社一般为社员提供农资赊账、生产性贷款担保、信用评级证明以及购买农业保险等服务，可以有效弥补社员生产性资金的短缺，增强了社员生产性资金的可及性（Narayan，2012；苑鹏、彭莹莹，2013；赵晓峰，2018）。在此情形下，社员可以加大对柑橘生产要素的投入力度，同时提高优质要素的投入比例，因而柑橘的生产潜力会得到提升。社员亦可能选择扩大柑橘种植规模（张庆亮 等，2017），但随着规模的扩大，社员柑橘边际产量可能递增，也有可能递减，抑或不变（范里安 等，2015）。此外，保险等资金服务有助于缓解农户生产风险（Zhang et al.，2019）。因此，合作社资金服务对社员柑橘产量的影响也不明确。

从合作社技术服务来看，技术变革是生产力增长的源泉（Pokharel et al.，2021），加入合作社可以降低社员的生产和技术风险（LeVay，1983；陈先勇 等，2007；Abebaw et al.，2013），有利于先进、适用技术的推广（Ma et al.，2018；Manda et al.，2020；Yu et al.，2021），帮助社员掌握先进、适用的种植技术，提升社员自身人力资本（舒尔茨、西奥多，1987；苑鹏，2001；Krasachat et al.，2009），进而提高全要素生产率和技术效率（Lin et al.，2022），社员柑橘的边际产出有可能增加。但同时，合作社推行标准化生产模式（范小菲，2011），会改变社员传统的"以量取胜"的观念，引导社员进行科学种植，如疏花疏果等，则有可能降低柑橘产量，因此，合作社技术服务对社员柑橘产量的影响也不确定。

从合作社信息服务来看，合作社主要为社员提供农资、销售、资金、技术及信息等服务，有利于降低社员与外部要素市场和产品（服务）市场之间的信息不对称（Bonus，1986；徐旭初，2005；唐宗焜，2012），增强社员对优质、廉价农资和先进适用技术等的可及性。由于销售、资金、技术等服务对社员柑橘产量的影响方向不确定，因此，合作社信息服务对社员柑橘产量的影响也不确定。

上述分别单独探讨了每种合作社服务对社员柑橘产量的影响。但在实践中，社员有可能利用一种或者几种合作社服务，则服务利用对柑橘产量的影响就是几种叠加的合作社服务对柑橘产量的影响，具体见图2-7。

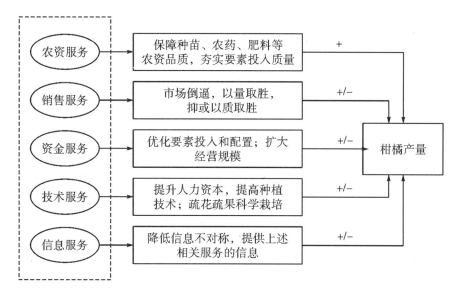

图 2-7 服务利用对社员柑橘产量的影响机理

（2）服务利用对社员柑橘净收益影响的理论分析。

首先，单独来看每种合作社服务对社员柑橘净收益的影响。合作社农资服务对社员柑橘净收益的影响主要体现在以下两个方面：一方面，合作社有助于改善社员的市场准入（Gava et al.，2021），其农资服务可以有效降低社员对优质农资的搜寻成本和谈判成本，合作社统一购买由于规模比较大可以实现规模经济（Sexton，1986）；另一方面，合作社服务利用减少了中间一系列环节，相较于外部服务市场而言，社员的交易成本大大降低（Fulton et al.，1995；Staatz，1987；王丽佳、霍学喜，2013），因而价格比较低廉（Breitenbach et al.，2021）。若社员利用合作社的生产性服务，则要素投入成本有可能降低，柑橘净收益增加。但同时，由于合作社购买的农资质量比外部服务市场高，价格自然比外部服务市场上普通农资的价格高，因而合作社农资服务也有可能提高社员的柑橘种植成本（朱哲毅 等，2016），因此，合作社农资服务对社员柑橘净收益的影响不确定。

合作社销售服务对柑橘净收益的影响亦不确定，具体表现在以下两个方面：一方面，合作社可以有效降低寻找销售渠道等市场风险（马彦丽、施轶坤，2012；Mojo et al.，2017；Zhang et al.，2019），社员不必亲自联系买家，可以降低搜寻成本、谈判成本以及柑橘的损耗（Richard et al.，1986；宋金田、祁春节，2011），因而柑橘销售成本较低；另一方面，若社员按质生产柑橘，合作社的收购通常会有一定幅度的溢价（Moustier et al.，2010；施晟 等，2012；杨丹、刘自敏，2017），因而社员柑橘的收益可能增加。然而，对于质量普通的柑橘，合作社可能会低于市场价格收购，但是收购的数量比例较高，也可能只收购质量较好的一部分柑橘，剩余部分的柑橘由社员自行销售。在此情形下，社员柑橘的销售收入不确定。因此，合作社销售服务对社员柑橘净收益的影响也不确定。

资金服务、技术服务以及信息服务对社员柑橘净收益的影响可能为正，主要表现在以下两个方面：一方面，可以降低相关服务的搜寻成本（苟茜 等，2018）；另一方面，可以及时获取免费或者低于市场价格的相关生产性服务（黄祖辉，2000；Trebbin，2014），保障柑橘生产活动正常开展。此外，对于技术服务而言，通过培训可以保障社员柑橘质量，进而有可能增加柑橘收益（钟真、程瑶瑶，2013）；对于资金服务而言，还可以有效降低社员资金获取门槛，丰富社员生产性资金的获取渠道（苑鹏、彭莹莹，2013；杨立社、杨彤，2018），进而节约交易和生产成本。

以上分别论述了五种合作社服务如何通过影响社员柑橘生产的成本和收益，进而影响社员柑橘净收益。由于每种合作社服务对柑橘生产的成本和收益的影响不确定，而社员可能利用一种或者多种合作社服务，因此，服务利用对社员柑橘净收益的影响也不确定，具体见图 2-8。

（3）服务利用对社员家庭收入影响的理论分析。

从前文理论分析可知，合作社服务通过影响社员柑橘生产的成本和收益，进而影响柑橘收入。与此同时，合作社服务利用还可以节约社员时间成本，减少社员的柑橘劳动时间，为其从事其他农业生产或者务工等转移就业提供了可能（沈鹭 等，2017），因此可能会增加社员的其他农业收入或者工资性收入（张晋华 等，2012）。由此可见，合作社服务主要通过影响社员柑橘收入、其他农业收入以及工资性收入，进而影响社员家庭收入，具体见图 2-9。

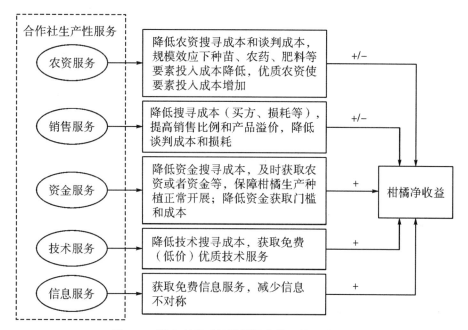

图 2-8 服务利用对社员柑橘净收益的影响机理

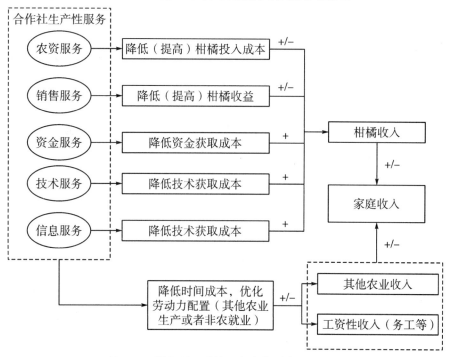

图 2-9 服务利用对社员家庭收入的影响机理

3 调研设计与样本特征

3.1 调研设计

3.1.1 调研对象

调研对象主要包括四川省柑橘合作社及其社员,四川省农业农村厅农村合作经济指导处(后文简称"合经处")、特色产业处相关领导和工作人员,各样本县(区)农业农村局相关领导和工作人员。其中,合经处主要负责合作社的管理,特色产业处主要负责柑橘产业的发展。

各类样本的筛选要求设置如下:柑橘合作社需要满足近两年投产,因而将刚成立或者刚开始从事柑橘产业的合作社排除在外;社员柑橘亦需要满足近两年投产,以排除刚加入合作社或者刚开始种植柑橘的社员个体;各级政府官员需要对柑橘产业和农民合作社等相关情况有一定的了解。调研对象基本要求将会在调研衔接时予以明确,以保证样本的有效性。

3.1.2 调研方式

调研方式主要分为座谈和问卷调研两种形式。其中,座谈主要是针对政府层面,比如通过在四川省合经处、特色产业处的座谈,了解四川省合作社和柑橘等发展状况,获取全省合作社和柑橘相关规划、数据等统计资料,寻求课题指导和选样推荐;在各样本县(区)农业农村局的座谈中,了解该县(区)合作社和柑橘发展概况,获取县级数据、报告等相关统计资料,请求推荐样本并协助调研。

问卷调研是本书的关键,通过"方案(问卷)设计—预调研—正式调研—数据清洗"获取一手微观调研数据。

3.1.3 调研区域

本书的主要调研对象为柑橘合作社及社员，由于缺少专门针对柑橘合作社的统计资料，因而在样本区域选择时有两大基本考量，一是柑橘大县，二是样本县（区）合作社的样本多。基于此，笔者计算了四川省各个柑橘生产县2018—2019年的柑橘种植面积的均值，由此获得四川省前九大柑橘大县（区）的排名，具体见表3-1。统计结果进一步表明，2019年四川省有130个县（市、区）生产柑橘，前九大柑橘大县（区）的柑橘种植面积占全省总面积的43.61%，因而用前九大柑橘大县（区）来代表四川柑橘的整体概况具有一定的代表性。

表3-1　四川省前九大柑橘大县（区）　　　　单位：吨

序号	县（区）	2018年	2019年	均值
1	安岳县	28 997	29 236	29 116.5
2	眉山市东坡区	18 843	19 392	19 117.5
3	仁寿县	17 750	18 733	18 241.5
4	资中县	13 028	14 582	13 805
5	江安县	12 867	13 304	13 085.5
6	资阳市雁江区	12 550	12 640	12 595
7	南部县	9 017	12 355	10 686
8	蒲江县	10 508	10 861	10 684.5
9	丹棱县	9 706	9 792	9 749
合计	—	133 266	140 895	—

数据来源：根据四川省农业农村厅调研数据整理获得。

同时，为了保证样本县（市）合作社的数量和质量，笔者事前关注了上述九大柑橘大县（区）的示范社数量。统计数据进一步表明，前九大柑橘大县（区）示范社的数量都相对较多，具体见表3-2。因此，本书最终选择在安岳县、东坡区、仁寿县、资中县、江安县、雁江区、南部县、蒲江县、丹棱县9个县（区）进行正式调研。此外，还在金堂县进行预调研。

表 3-2 四川省前九大柑橘大县（区）示范社   单位：个

序号	县（区）	示范社			示范社总数
		省级	市级	县级	
1	安岳县	50	70	130	250
2	东坡区	28	43	82	153
3	仁寿县	33	35	0	68
4	资中县	17	32	24	73
5	江安县	13	14	17	44
6	雁江区	41	12	0	53
7	南部县	25	45	242	312
8	蒲江县	27	0	1	76
9	丹棱县	21	14	5	40

数据来源：根据四川省农业农村厅调研数据整理获得。

3.1.4 调研开展

调研前期，基于开题报告设计调研方案和问卷，并咨询老师、同学进行完善；招募调研队员，经过培训、遴选和考核，最终确定了 14 个成员，包括老师、博士研究生、硕士研究生、本科生；前往四川省农业农村厅座谈了解全省柑橘和合作社发展概况，搜集宏观层面的统计数据，并对样本选点及方案设计进行咨询，进一步优化调研方案和问卷。

调研分为预调研和正式调研两个阶段。调研团队于 2020 年 7 月 15 日在金堂县展开了预调研，一方面，通过座谈了解和搜集金堂柑橘和合作社相关基本情况；另一方面，在金堂县农业农村局的协助下进行实地调研，重点对问卷的题项等进行了测验。预调研总计回收理事长问卷 4 份，回收社员问卷 12 份。基于预调研的实地反馈情况，对调研方案和问卷等进行了完善，形成了最终的正式调研方案、问卷和访谈提纲，具体见附录 9。正式调研于 2020 年 7 月 20 日至 8 月 1 日开展，分两个队在 9 个样本县（区）进行，每个样本县（区）先座谈再问卷调研，通过座谈了解和获取当地柑橘和合作社等相关统计信息和资料，并寻求调研指导和协助。

合作社选样采取典型抽样与随机抽样相结合的方法，先由样本县（区）农业农村局提供柑橘合作社名单，调研团队随机抽取 5~12 个柑橘合作社，并对其理事长或者其他对合作社经营状况比较了解的理事会成员展开调研。与此同时，每家合作社随机调研 5~15 名社员，由于户主对家庭的生产经营状况比较了解，为了确保社员样本的质量，社员主要针对户主展开调研。

最后，发放合作社问卷 90 份，回收 80 份，其中，有效合作社问卷 74 份，有效率为 92.50%；发放社员问卷 650 份，回收 580 份，其中，有效问卷 524 份，有效率为 90.34%。有效样本的描述性统计见表 3-3。

表 3-3 有效样本的分布

经济区	柑橘大县（区）	合作社		社员	
		数量/个	比例/%	数量/个	比例/%
成都平原经济区	蒲江县	9	12.16	60	11.45
	东坡区	5	6.76	60	11.45
	仁寿县	9	12.16	46	8.78
	丹棱县	8	10.81	59	11.26
	安岳县	12	16.22	71	13.55
川南经济区	资中县	9	12.16	78	14.89
	江安区	6	8.11	50	9.54
	雁江区	6	8.11	47	8.97
川东北经济区	南部县	10	13.51	53	10.11
合计		74	100.00	524	100.00

数据来源：根据实地调研数据整理获得。

此外，需要补充的是，基于案例分析研究的需要，本书在 2021 年 7 月中旬对 NPC 合作社理事长和部分社员进行了电话追踪调研。

3.2 样本合作社特征

3.2.1 合作社基本特征

在合作社的发起人（领办者）中，排在前三位的依次为种养大户、村"两委"、普通农户，频数分别为 21 个、18 个、13 个，分别占总样本的 28.38%、24.32%、17.57%，政府部门和返乡创业者领办的合作社分别有

10 个和 8 个，分别占总样本的 13.51%、10.81%。此外，由家庭农场领办的柑橘合作社有 2 个，占比为 2.70%，详细数据见图 3-1。

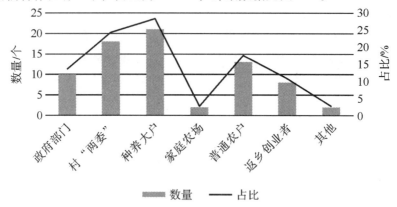

图 3-1　样本合作社发起人类型

数据来源：根据调研数据整理获得。

社员是合作社成立的基础。《合作社法》规定，成立合作社所要求的社员最低数量为 5 个。从表 3-4 可以看出，注册社员为 5 人的样本合作社有 14 个，占比达到 18.92%；注册社员为 6~30 人的样本合作社所占比例最高，达到 33.78%，注册社员为 106~130 人、130 人以上、81~105 人、31~55 人、56~80 人的样本合作社的数量依次递减，所占比例分别为13.51%、10.81%、9.46%、9.46%、4.05%。随着合作社的发展，社员数量发生变化，主要表现在社员规模在 81~105 人、106~130 人、130 人以上的样本合作社的比例上升，分别占 14.86%、16.22% 和 32.43%，而社员规模在 5 人、6~30 人、31~55 人、56~80 人的样本合作社的比例降低，分别占 5.41%、21.62%、8.11% 和 1.35%。

表 3-4　注册时合作社和现有合作社规模统计

社员规模	注册时合作社		现有合作社	
	数量/个	比例/%	数量/个	比例/%
5 人	14	18.92	4	5.41
6~30 人	25	33.78	16	21.62
31~55 人	7	9.46	6	8.11
56~80 人	3	4.05	1	1.35
81~105 人	7	9.46	11	14.86
106~130 人	10	13.51	12	16.22

表3-4(续)

社员规模	注册时合作社		现有合作社	
	数量/个	比例/%	数量/个	比例/%
130 人以上	8	10.81	24	32.43
合计	74	100	74	100

数据来源：根据调研数据整理获得。

　　样本合作社的注册资本以小于或等于 50 万元为主，占比达到 24.32%；其次为大于 300 万元，占比为 21.62%。此外，注册资本为大于 50 万元小于或等于 100 万元、大于 250 万元小于或等于 300 万元、大于 150 万元小于或等于 200 万元、大于 100 万元小于或等于 150 万元、大于 200 万元小于或等于 250 万元的样本合作社的数量依次递减，所占比例分别为18.92%、12.16%、10.82%、8.11%、4.05%。随着合作社的发展，合作社资本的规模总体呈现增加趋势，其中，资本大于 300 万元、大于 150 万元小于或等于 200 万元的样本合作社的比例有所提高，占比分别达到35.14%、16.22%。与此同时，资本小于或等于 50 万元、大于 50 万元小于或等于 100 万元的样本合作社的比例有所降低，分别占 14.86%、12.16%，详细数据见表 3-5。

表3-5　注册时合作社和现有合作社资本规模统计

资本规模	注册时合作社		现有合作社	
	数量/个	比例/%	数量/个	比例/%
小于或等于 50 万元	18	24.32	11	14.86
大于 50 万元小于或等于 100 万元	14	18.92	9	12.16
大于 100 万元小于或等于 150 万元	6	8.11	6	8.11
大于 150 万元小于或等于 200 万元	8	10.81	12	16.22
大于 200 万元小于或等于 250 万元	3	4.05	7	9.46
大于 250 万元小于或等于 300 万元	9	12.16	3	4.05
大于 300 万元	16	21.63	26	35.14
合计	74	100.00	74	100.00

数据来源：根据调研数据整理获得。

　　从注册商标来看，在 74 个样本合作社中，有 36 个合作社拥有注册商标，占比为 48.65%，有 38 个合作社没有进行商标注册，占比为 51.35%，具体见图3-2。从示范性来看，样本合作社主要以非示范性合作社为主，有35个，占比为47.30%，而在各级示范社中，省级示范社最多，占比为24.32%，其次依次为县级、市级、国家级，占比分别为13.51%、12.16%、2.71%，详细数据见图3-3。从产品认证类型来看，样本合作社主要以无认证合作社为主，占比高达56.76%，有42家。而在认证的样本合作社中，地理标志产品、绿色食品、无公害农产品、有机产品的样本数量依次降低，分别有17家、13家、8家、6家，占比分别为22.97%、17.57%、10.81%、8.11%，详细数据见图3-4。

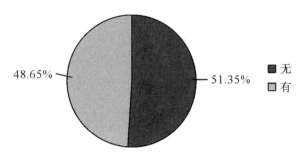

图3-2 样本合作社有无注册商标

数据来源：根据调研数据整理获得。

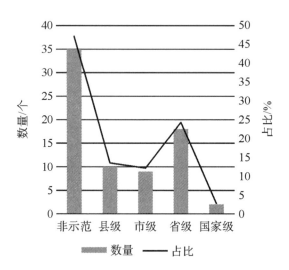

图3-3 样本合作社的示范性

数据来源：根据调研数据整理获得。

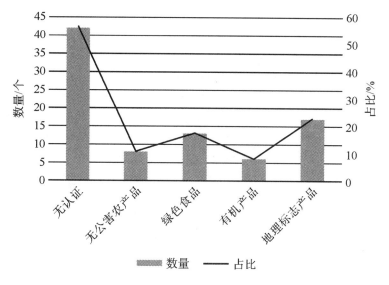

图 3-4　样本合作社产品认证情况

数据来源：根据调研数据整理获得。

3.2.2　合作社经营特征

从经营模式来看，样本合作社主要以"合作社+基地+农户"为主，占比高达 52.71%，其次为"合作社+农户"模式，占比为 31.08%，而采用"公司+合作社+基地"的样本合作社有 7 家，占比为 9.46%。此外，经营模式为"合作社+村'两委'+农户"和"联合社+合作社+农户"的样本合作社占比分别为 4.05% 和 2.70%，详细数据见图 3-5。

从经营面积来看，样本合作社的经营面积在 500 亩①以内（包含 500 亩）的占比达到 40.54%，经营面积大于 1 000 亩小于或等于 1 500 亩、大于 500 亩小于 1 000 亩、大于 2 500 亩小于或等于 3 000 亩、大于 1 500 亩小于或等于 2 000 亩、大于 2 000 亩小于或等于 2 500 亩的样本合作社的数量依次降低，占比分别为 13.51%、12.16%、9.46%、5.41%、1.35%。此外，经营面积大于 3 000 亩的样本合作社有 13 个，占比为 17.57%，详细数据见表 3-5。

---

① 1 亩 ≈ 666.67 平方米。下同。

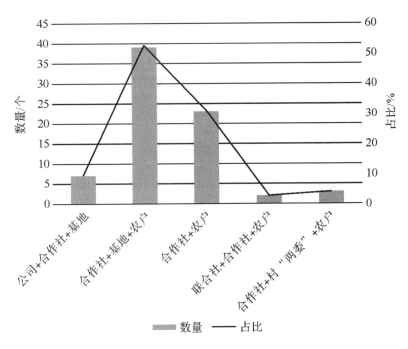

图 3-5 样本合作社经营模式

数据来源：根据调研数据整理获得。

表 3-6 样本合作社经营面积

经营面积	数量/个	比例/%
小于或等于 500 亩	30	40.54
大于 500 亩小于 1 000 亩	9	12.16
大于 1 000 亩小于或等于 1 500 亩	10	13.51
大于 1 500 亩小于或等于 2 000 亩	4	5.41
大于 2 000 亩小于或等于 2 500 亩	1	1.35
大于 2 500 亩小于或等于 3 000 亩	7	9.46
大于 3 000 亩	13	17.57
合计	74	100

数据来源：根据调研数据整理获得。

从柑橘品种来看，样本合作社种植排前三位的品种分别为春见、不知火和爱媛，数量分别为43个、27个、22个，分别占总样本的58.11%、36.49%、29.73%；而种植血橙、沃柑、柠檬、青见、砂糖橘、大雅柑、蜜橘、柚子、明日见的样本合作社的数量依次减少，分别占 18.92%、16.22%、13.51%、10.81%、9.46%、8.11%、4.05%、2.70%、2.70%，详细数据见图 3-6。进一步可以看出，样本合作社的经营品种数量在 1~5 种之间，且主要在 3 种以内，其中，经营 1 种柑橘的样本合作社占比为 36.49%，经营 2 种柑橘的样本合作社占比为 24.32%，经营 3 种柑橘的样本合作社占比为 32.43%。此外，经营 4 种和 5 种柑橘的样本合作社占比分别为 5.41%、1.35%，详细数据见图 3-7。

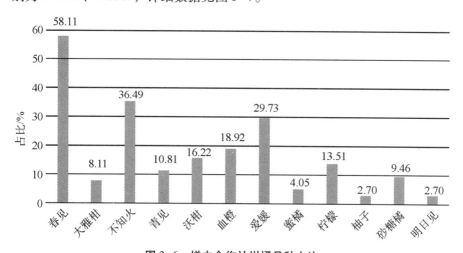

图 3-6　样本合作社柑橘品种占比

数据来源：根据调研数据整理获得。

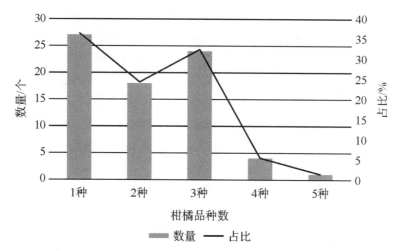

图 3-7　样本合作社经营柑橘的品种数及占比

数据来源：根据调研数据整理获得。

从经营收入来看，样本合作社年经营收入的区间主要在 [50，250)①万元，其占比达到 43.24%，其次为小于 50 万元的样本合作社，占比为 27.03%，经营收入大于 1 000 万元的样本合作社有 8 家，占比为 10.81%。此外，经营收入区间在 [250，500) 万元、[500，750) 万元、[750，1 000) 万元的样本合作社的数量依次递减，占比分别为 10.81%、5.41% 和 2.70%，详细数据见表 3-7。

表 3-7　2019 年样本合作社经营收入

经营收入	数量/个	比例/%
小于 50 万元	20	27.03
大于或等于 50 万元小于 250 万元	32	43.24
大于或等于 250 万元小于 500 万元	8	10.81
大于或等于 500 万元小于 750 万元	4	5.41
大于或等于 750 万元小于 1 000 万元	2	2.70
大于 1 000 万元	8	10.81
合计	74	100

数据来源：根据调研数据整理获得。

3.2.3　合作社服务供给特征

调研统计数据表明，样本合作社服务供给主要包括农资服务、技术服务、销售服务、资金服务和信息服务五大类。具体而言，农资服务包含为社员提供农药、肥料、黄板、杀虫灯、旋耕机、打草机、套袋、薄膜、包装盒等，技术服务包含肥料施用、施药、节水、物理（生物）防虫、修枝整形、疏花疏果以及废弃物利用等技术培训，资金服务包含农资赊账、生产性贷款担保、提供信用评级证明、帮助成员购买农业保险等，信息服务包含农资信息、销售信息等。下文在统计分析中主要针对大类进行统计。

总体来看，74 个样本合作社都提供了服务，且供给宽度为 2~5，其中，供给宽度为 4 的合作社的数量最多，占比为 47.30%，提供全部服务的合作社有 24 家，占比为 32.43%，供给宽度为 3 的合作社的数量排第三位，占比为 13.51%，而供给宽度为 2 的合作社的数量最少，占比为

①　"[a，b)" 是数学中的区间表达方法，表示大于或等于 a 小于 b。

6.76%。进一步可以看出，近 80% 的样本合作社提供服务的宽度大于 3，表明绝大多数样本合作社的服务供给比较全面，详见图 3-8。

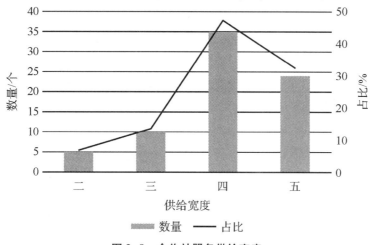

图 3-8 合作社服务供给宽度

数据来源：根据调研数据整理获得。

从图 3-9 可以看出，在合作社提供的三种硬服务中，提供农资服务的样本合作社数量最多，有 66 家，占比为 89.19%，提供销售服务的样本合作社数量排第二位，有 59 家，占比为 79.73%，而提供资金服务的合作社数量最少，有 30 家，占比为 40.54%。相比来看，样本合作社提供软服务的情况明显优于提供硬服务。数据表明，提供技术服务的样本合作社有 72 家，占比为 97.30%，而提供信息服务的样本合作社有 73 家，占比为 98.65%，详细数据见图 3-10。综合来看，样本合作社软服务的供给数量优势明显，按照提供比例由高到低的顺序排列依次为信息服务、技术服务、农资服务、销售服务、资金服务。

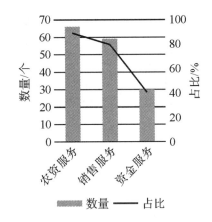

图 3-9　合作社硬服务供给现状

数据来源：根据调研数据整理获得。

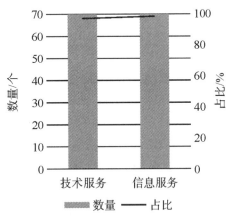

图 3-10　合作社软服务供给现状

数据来源：根据调研数据整理而得。

3.3　样本社员特征

3.3.1　社员基本特征

本书的社员主要调研的是户主，因而社员基本特征也是户主基本特征。在社员基本特征上，样本社员主要以男性为主，占比高达71.56%，有16.98%的社员具有党员或者村干部的身份。在社员户主的年龄结构中，主要以（45，60］①的年龄段为主，占比为57.63%，其次为（60，75］的年龄段，占比为26.72%。在受教育程度层面，主要是初中和小学文化水平的社员，占比达到75.76%，而大学以上文化水平的社员仅占4.77%。可见，社员的文化水平普遍较低。对于社员的健康状况而言，51.53%的社员身体比较健康，身体状况为健康的占比为23.09%，而比较差和非常差的占比为4.01%。在对合作社的了解程度上，30.92%的社员了解程度比较低，了解程度一般及以下水平的占61.08%，了解程度比较高的占29.39%，而了解程度非常高的仅占9.54%，表明对合作社的宣传和培训有待进一步提高，详细数据见表3-8。

表3-8　社员基本特征

户主性别	人数/个	比例/%	是否党员（村干部）	人数/个	比例/%
男	375	71.56	是	89	16.98
女	149	28.44	否	435	83.02
合计	524	100.00	合计	524	100.00
年龄/岁	人数/个	比例/%	受教育程度	人数/个	比例/%
（25，30］	7	1.34	未上学	46	8.78
（30，45］	65	12.40	小学	182	34.73
（45，60］	302	57.63	初中	215	41.03
（60，75］	140	26.72	高中	56	10.69
（75，83］	10	1.91	大学及以上	25	4.77
合计	524	100.00	合计	524	100.00
健康状况	人数/个	比例/%	对合作社了解程度	人数/个	比例/%
非常差	2	0.38	非常低	42	8.02
比较差	19	3.63	比较低	162	30.92
一般	112	21.37	一般	116	22.14
比较健康	270	51.53	比较高	154	29.39
健康	121	23.09	非常高	50	9.53
合计	524	100.00	合计	524	100.00

数据来源：根据调研数据整理获得。

---

① "（a，b］"是教学中的区间表达方法，表示大于a小于或等于b。

3.3.2 家庭经营特征

本书调研的样本社员的家庭人口主要以 3~4 人为主，占比为 44.47%，其次依次为 5~6 人、1~2 人、7~8 人、8 人以上的家庭，占比分别为 32.63%、16.22%、4.96%、1.72%。从社员家庭的劳动力来看，劳动力数量为 1~2 人的家庭最多，占比达到 83.21%，其次为 3~4 人的家庭，占比为 15.08%，5 人及以上劳动力的家庭占 1.72%。

从种植年限来看，种植年限在 [5, 15) 年的家庭最多，占比为 39.31%，其次为种植年限在 [1, 5) 年的家庭，占比为 22.71%，而种植年限为 [15, 25) 年的家庭占比为 21.37%，其余种植年限的家庭占 16.60%。种植面积主要以 [0.1, 4) 亩为主，占比为 37.98%，其次为 [4, 8) 亩的种植面积，占比为 32.25%，其余种植面积的家庭占 29.77%。

柑橘是劳动力密集型产业。为了弥补自身劳动力的不足，30.34% 的社员雇佣劳动力进行柑橘生产。在土地流转方面，26.53% 的社员转入了土地进行柑橘生产。

从社员种植的柑橘品种来看，排在前四位的分别是春见、爱媛、不知火和血橙，种植的社员分别占 51.72%、29.58%、22.71% 和 18.89%，种植柠檬、青见、沃柑、柚子、大雅柑、蜜橘的社员数量依次递减，分别有 62 个、40 个、37 个、27 个、26 个、16 个，详见图 3-11。显然，四川主要生产的是晚熟柑橘。

表 3-9 样本社员家庭基本特征

家庭人口/人	人数/个	比例/%	劳动力/人	人数/个	比例/%
1~2	85	16.22	1~2	436	83.21
3~4	233	44.47	3~4	79	15.08
5~6	171	32.63	5~6	6	1.15
7~8	26	4.96	7~8	1	0.19
8 以上	9	1.72	8 以上	2	0.37
合计	524	100.00	合计	524	100.00

表 3-9（续）

种植年限/年	人数/个	比例/%	种植面积/亩	人数/个	比例/%
[1, 5)	119	22.71	[0.1, 4)	199	37.98
[5, 15)	206	39.31	[4, 8)	169	32.25
[15, 25)	112	21.37	[8, 12)	85	16.22
[25, 35)	63	12.02	[12, 15)	44	8.40
[35, 50]	24	4.51	[15, 20]	27	5.15
合计	524	100.00	合计	524	100.00
是否雇佣劳动力	人数/个	比例/%	是否转入土地	人数/个	比例/%
是	159	30.34	是	139	26.53
否	365	69.66	否	385	73.47
合计	524	100.00	合计	524	100.00

数据来源：根据调研数据整理获得。

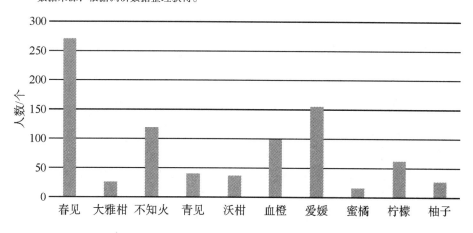

图 3-11　样本社员种植的柑橘品种

数据来源：根据调研数据整理获得。

3.3.3　外部环境特征

从外部环境来看，样本社员到合作社的距离主要在（0.5, 2］千米和[0, 0.5]千米，占比为81.29%，距离在（2, 3.5］千米、（3.5, 5］千米、（5, +∞］千米的样本数量依次递减，占比分别为7.25%、7.06%、4.39%。

对于样本社员到最近集市中心的距离而言，距离在（0.5，2］千米、（3.5，5］千米、（5，+∞］千米、（2，3.5］千米、[0，0.5]千米的样本数量依次递减，占比分别为32.82%、26.91%、16.79%、16.61%、6.87%，具体见表3-10。从样本所属的经济区来看，66.00%的社员来自成都平原经济区，24.00%的社员来自川南经济区，10%的社员来自川东北经济区。

表3-10　样本社员的外部环境特征

到合作社的距离/千米	人数/个	比例/%	到最近集市中心的距离/千米	人数/个	比例/%
[0，0.5]	159	30.34	[0，0.5]	36	6.87
（0.5，2]	267	50.95	（0.5，2]	172	32.82
（2，3.5]	38	7.25	（2，3.5]	87	16.61
（3.5，5]	37	7.07	（3.5，5]	141	26.91
（5，+∞]	23	4.39	（5，+∞]	88	16.79
合计	524	100.00	合计	524	100.00

数据来源：根据调研数据整理获得。

3.3.4　社员福利特征

3.3.4.1　样本社员主观福利特征

本章用社员满意度来表征社员主观福利，具体使用李克特五分类量表来刻画。其中，"1"代表很低，"2"代表较低，"3"代表一般，"4"代表较高，"5"代表很高。

样本数据表明，社员满意度的均值为3.16。进一步来看，社员满意度为"3"的样本社员数量最多，占比为38.17%，社员满意度为"4""2""5""1"的社员数量依次递减，占比分别为32.82%、17.37%、5.91%和5.73%，而社员满意度在"3"以上的社员不到40%。可见，社员主观福利水平较低，有待进一步探究影响社员主观福利的因素。

表3-11　社员满意度分布

社员满意度	人数/个	比例/%
1	30	5.73
2	91	17.37
3	200	38.17

表3-11(续)

社员满意度	人数/个	比例/%
4	172	32.82
5	31	5.91
合计	524	100
均值	3.16	
标准差	0.97	

数据来源：根据调研数据整理获得。

3.3.4.2 社员客观福利特征

本书中社员客观福利主要用柑橘产量、净收益和家庭收入来刻画。样本数据表明，柑橘产量在〔2 000，2 500）千克/亩的社员数量最多，占比为40.65%，紧随其后的为柑橘产量在〔1 500，2 000）千克/亩的社员，二者合计占比为65.08%，柑橘产量在〔2 500，3 000）千克/亩、〔1 000，1 500）千克/亩、〔0，1 000）千克/亩、〔3 000，+∞）千克/亩的社员的数量依次递减。净收益在〔0.5，0.8）万元/亩的社员数量最多，占比为35.88%，其次为净收益在〔0.2，0.5）万元/亩的社员，二者合计占比为63.36%，而净收益在〔0.8，1.1）万元/亩、〔1.1，1.4）万元/亩、〔-∞，0.2）万元/亩、〔1.4，+∞）万元/亩的社员数量依次递减。家庭收入在〔1，2）万元/人的社员数量最多，占比为27.10%，家庭收入在〔2，3）万元/人的社员，占比为23.66%，二者合计占比为50.76%，家庭收入在〔0，1）万元/人、〔3，4）万元/人、〔4，5）万元/人、〔5，+∞）万元/人的社员数量递减。样本社员经济福利见表3-12。

表3-12 样本社员经济福利

柑橘产量/（千克·亩）	人数/个	比例/%	净收益/（万元·亩）	人数/个	比例/%	家庭收入/（万元·人）	人数/个	比例/%
〔0，1 000）	26	4.96	〔-∞，0.2）	30	5.73	〔0，1）	91	17.37
〔1 000，1 500）	58	11.07	〔0.2，0.5）	144	27.48	〔1，2）	142	27.10
〔1 500，2 000）	128	24.43	〔0.5，0.8）	188	35.88	〔2，3）	124	23.66
〔2 000，2 500）	213	40.65	〔0.8，1.1）	115	21.95	〔3，4）	79	15.08
〔2 500，3 000）	86	16.41	〔1.1，1.4）	39	7.44	〔4，5）	44	8.40
〔3 000，+∞）	13	2.48	〔1.4，+∞）	8	1.53	〔5，+∞）	44	8.40

数据来源：根据调研数据整理获得。

进一步分析利用合作社服务和未利用合作社服务的两组社员的经济福利差异，发现利用合作社服务的社员的柑橘产量、净收益和家庭收入均在1%的水平上显著高于未利用合作社服务的社员（详细数据见表3-13），初步表明服务利用能够提高社员的经济福利，而服务利用对社员经济福利的实际影响效果如何还需要进一步研究。

表3-13　样本社员经济福利差异

经济福利	利用组	未利用组	差异值	全部社员
柑橘产量	2 115. 286 (32. 799)	1 882. 462 (35. 738)	232. 824*** (48. 507)	1 998. 874 (566. 765)
净收益	0. 709 (0. 021)	0. 580 (0. 019)	0. 111*** (0. 028)	0. 653 (0. 327)
家庭收入	2. 768 (0. 105)	2. 134 (0. 085)	0. 634*** (0. 135)	2. 451 (1. 575)

数据来源：根据调研数据整理获得。

3.4　小结

本章进行了科学的研究设计，主要以柑橘合作社及社员为调研对象，采取典型抽样与随机抽样相结合的方法，对四川省前十大柑橘大县（区）进行实地调研，最终获取74个有效合作社样本以及524个有效社员样本。基于此，分别对样本合作社特征和社员特征进行描述性统计分析。研究结论如下：

样本合作社发展水平普遍较低。具体来看，样本合作社主要由种养大户和村"两委"领办，注册社员在55人以内，大多数注册资本基本小于200万元。随着合作社的发展，注册社员数和注册资本都得到一定程度的增加，近一半进行了商标注册，非示范社和无认证的样本合作社居多。样本合作社经营模式主要以"合作社+基地+农户"为主，经营面积主要在500亩以内，柑橘种植品种以春见、不知火和爱媛为主，且主要在3种以内，大多数样本合作社年经营收入少于250万元。样本合作社服务供给主要包括农资、技术、销售、资金和信息5类服务，绝大多数样本合作社服务的供给比较全面，且"软服务"供给数量优势明显。

社员主要以男性为主，年龄段在（45，60］岁的居多，学历大多在初中及以下，健康状况普遍较好，对合作社的了解程度整体较低。社员家庭以 3~4 人为主，劳动力为 1~2 个的家庭比例最高，种植年限主要在［5，15）年，而种植面积大多在 12 亩以内，绝大多数社员没有雇佣劳动力、未进行土地流转。社员到合作社的距离在 3.5 千米以内、到最近集市中心的距离在（0.5，5］千米。进一步来看，利用合作社服务的社员的客观福利和主观福利均显著高于未利用合作社服务的社员。

4 社员服务利用现状分析

4.1 柑橘产业发展现状

4.1.1 柑橘的特征

柑橘是芸香科植物，品种繁多，主要包含柑橘属、金柑属和枳子三类，中国和其他大部分国家用作经济作物栽培的柑橘主要是柑橘属，其在《商品名称及编码协调制度的国际公约》中的商品编码为 0805。中国柑橘种植历史可追溯至 4 000 年前的夏朝，源于我国云贵高原，途经长江而下，传向淮河以南、长江下游，直到岭南地区，随后被传入世界各地。柑橘属来自枸橼、柚和橘三个基本种，然后相互杂交产生了新的品种，新品种之间以及基本种与新品种杂交又可产生新品种，比如，柚和橘杂交产生橙，橘和橙杂交有了柑，橙和柚杂交有了葡萄柚（黄仲先 等，2012；邓秀新、彭抒昂，2013；Wu et al.，2018）。从分类上来看，国际上将柑橘划分为宽皮柑橘和紧皮柑橘两类，前者如柑和橘，均易剥皮，区分柑和橘比较困难；而后者如柚和橙，其显著特征为不易剥皮，但区分较为容易。而在联合国粮农组织（FAO）的统计口径中，中国柑橘鲜果出口品种有以下几种类型：橙、宽皮柑橘、柠檬和酸橙、柚子以及其他柑橘类水果，具体见表 4-1。中国通常将柑橘划分为 6 大类型，即柑、橘、橙、柚、柠檬以及金柑。柑橘具有自然和经济学两大特征。

4.1.1.1 自然生长特征

柑橘具有生长的长周期性和经济寿命的多年性，其童期较长，短的需要 4~5 年，长的则需要 11~12 年。在常规栽培条件下，柑橘大苗定植后 2 年试花，3 年结果，7~8 年进入盛果期，经济寿命 30 年以上，年亩产

1 500~2 000千克。柑橘生产主要涉及 11 个环节，即肥料采购、农药采购、肥料使用、农药使用、套袋时间、摘袋时间、果园灌溉、栽种密度、修枝整形、花果管理和采收时间。主要的田间管理分为冬季管理工作和春季管理工作，前者如修剪、清园、施肥等，后者如病虫害防治、保花保果、优质丰产等。常见的生产性服务如采收服务、仓储服务、销售服务、深加工服务、种养信息服务、资金借贷服务。

4.1.1.2 经济学特征

从生产端来看，种植柑橘需要橘园、专业技术等的投入，因而资产专用性较强。柑橘生产兼具劳动密集型和资本密集型，区域特征明显，且规模化是发展的趋势；从销售端来看，柑橘的销售具有季节性，柑橘成熟时间不一致，销售自然具有频繁性，同时，柑橘的交易对象和价格也呈现出不确定性的特征。随着柑橘市场以及跨境电商等的发展，当前柑橘消费的全球性特征凸显，已成为全世界第五大贸易农产品（宋金田，2013；黄森，2013）。在我国，柑橘的交易频率较低，而资产专用性和交易的不确定性较高。基于威廉姆森的交易成本理论，适合我国柑橘鲜果交易的渠道和方式是第三方组织介入（牛玉珊、祁春节，2011）。这为合作社这一新型农业经营主体嵌入柑橘产业提供了理论基础。柑橘分类见表 4-1。

表 4-1 柑橘分类

分类		常见品种
甜橙类	普通甜橙类	锦橙、柳橙、改良橙、大红甜橙、雪柑、冰糖橙、哈姆林、伏令夏橙
	脐橙类	奉园 72-1 脐橙、纽荷尔脐橙、罗伯逊脐橙、红肉脐橙、福本脐橙、崀丰脐橙（湖南）
	血橙类	塔罗科血橙（从意大利引入）
宽皮柑橘类	温州蜜柑类	中熟、早熟、特早熟温州蜜柑
	椪柑	太田椪柑、新生系 3 号椪柑、黔阳无核椪柑、岩溪晚芦
	地方优良宽皮柑橘品种	焦柑、南丰蜜橘、砂糖橘（广东等）、本地早、年橘、马水橘、红橘、贡柑
	杂柑类	不知火（从日本引入）、清见（从日本引入）、默科特（从美国引入）、天草（从日本引入）、爱媛 38 号（从日本引入）

表4-1(续)

分类		常见品种
柚类	柚	琯溪蜜柚（福建）、沙田柚（广西）、玉环柚、梁平柚、晚白柚、强德勒红心柚
	葡萄柚或柚杂种	胡柚（浙江）、可口葡萄柚
柠檬类	—	尤力克（原产美国，四川安岳）、里斯本、费米耐劳、维拉弗兰克
金柑类	—	山金柑、罗浮金柑、圆金柑、金弹、长叶金柑

来源：邓秀新，彭抒昂.柑橘学［M］.北京：中国农业出版社，2013.

4.1.2 柑橘产业发展成效

4.1.2.1 中国柑橘产业发展成效

柑橘是全球第一大类水果。截至 2019 年年底，全世界有 157 个国家和地区生产柑橘。从表 4-2 可以看出，2019 年柑橘产量排名前 6 位的国家依次为中国、巴西、印度、墨西哥、美国和西班牙，其中，中国产量为 43 539 916 吨，占全球总产量的 21.55%。而从收获面积来看，2019 年中国柑橘收获面积也是第一，为 2 854 159 公顷，占全球总面积的 22.34%，排名前 2~6 名的依次为印度、尼日利亚、巴西、墨西哥、西班牙，因此，中国是名副其实的柑橘生产大国。然而，中国柑橘产业的单位产量较低，2019 年的单位产量仅为 152 549 000 克/公顷，排名第 46 位，虽然高于全球平均值 113 592 000 克/公顷，但与排名前 6 位的国家相比，仍有很大的上升空间。

表 4-2　2019 年世界柑橘主产国柑橘生产概况

序号	国家	总产量/吨	国家	收获面积/公顷	国家	单位产量/吨·公顷
1	中国	43 539 916	中国	2 854 159	印尼	37 751 600
2	巴西	19 652 788	印度	1 073 000	南非	33 535 800
3	印度	14 013 000	尼日利亚	830 302	巴哈马	32 504 200
4	墨西哥	8 756 488	巴西	703 337	加纳	31 770 300
5	美国	7 230 854	墨西哥	641 899	巴拉圭	29 672 200
6	西班牙	6 010 050	西班牙	296 460	韩国	29 568 400
7	埃及	4 638 980	美国	278 802	伊朗	28 391 700

表4-2(续)

序号	国家	总产量/吨	国家	收获面积/公顷	国家	单位产量/吨·公顷
8	土耳其	4 301 415	巴基斯坦	201 472	圣卢西亚	28 370 400
9	尼日利亚	4 160 568	埃及	191 298	巴西	27 942 200
10	伊朗	4 073 067	土耳其	174 245	洪都拉斯	27 309 700
46	—	—	—	—	中国	15 254 900
全球总量		202 042 166	—	12 777 701	—	1 783 398 400
全球均值		1 286 893	—	81 387	—	11 359 200

数据来源：根据联合国粮食及农业组织（FAO）的数据整理获得。

纵观全球柑橘发展趋势，从产量来看，进入21世纪以来，中国柑橘产量逐年递增，并于2008年超越巴西排名世界第一，印度柑橘产量虽也呈现增长态势，但增幅远远低于中国，而巴西、墨西哥、西班牙和美国的柑橘产量则处于稳定或者减缓的趋势。因此，未来一段时间，中国的柑橘产量将一直排名世界第一。

从收获面积来看，中国柑橘产业的收获面积逐年递增，与其他主产国的差距越来越大，保持增长趋势的国家还有印度和墨西哥，但增幅远远低于中国，而巴西、美国和西班牙则呈现出递减的趋势，这与王志彬、汤荣丽（2011）的研究结论一致，即发达国家的柑橘产业呈现出逐渐萎缩的趋势，并开始逐步向发展中国家转移和扩散。因此，未来一段时间，中国的柑橘收获面积将一直排名世界第一。

从单位产量来看，中国柑橘产业的单位产量呈现缓慢增长的趋势，保持这一趋势的国家还有巴西、印度和墨西哥。西班牙柑橘的单位产量则呈现出稳定增长的态势，而美国柑橘的单位产量则表现出波动递减的情况，但是，美国、巴西、西班牙柑橘的单位产量远远高于中国。因此，未来一段时间，中国的柑橘单位产量将处于追赶柑橘大国的阶段。

2001—2019年世界柑橘主产国柑橘产量变化、2001—2019年世界柑橘主产国柑橘收获面积变化、2001—2019年世界柑橘主产国单位产量变化分别见图4-1、图4-2、图4-3。

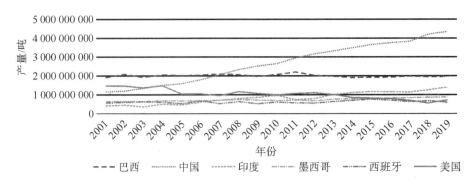

图 4-1　2001—2019 年世界柑橘主产国柑橘产量变化

数据来源：根据联合国粮食及农业组织（FAO）的数据整理获得。

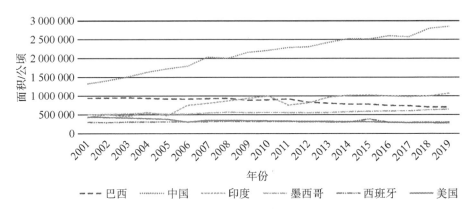

图 4-2　2001—2019 年世界柑橘主产国柑橘收获面积变化

数据来源：根据联合国粮食及农业组织的数据（FAO）整理获得。

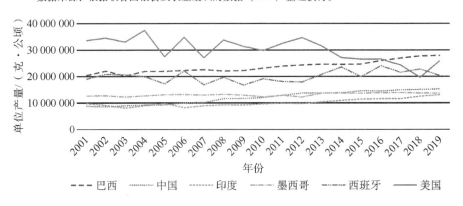

图 4-3　2001—2019 年世界柑橘主产国柑橘单位产量变化

数据来源：根据联合国粮食及农业组织（FAO）的数据整理获得。

4.1.2.2 四川柑橘产业发展成效

四川盆地冬季无冻害，春季回温慢，柑橘发育周期和留树时间长，且上市时间集中在每年的1~5月，因而具有天然的气候优势和其他区域不可比拟的晚熟优势，也就成为不知火等杂柑的唯一产区，是柠檬最适生产区。因此，四川因地制宜，柑橘发展主打"晚熟牌"，专门规划了晚熟柑橘产业带，详见表4-3。致力于全省晚熟柑橘产业发展，四川出台了一系列规划布局政策、要素配置政策、组织经营政策、市场体系政策等。其中，与要素配置政策配套的有财政政策、税收政策、土地政策、信贷政策、技术政策，组织经营政策聚焦合作社和龙头企业，市场体系政策围绕扩大出口贸易和保障销售渠道畅通，质量安全政策从加强柑橘标准化生产、柑橘质量安全管理和及时化解柑橘安全危机等几个方面展开（郭晓鸣 等，2014）。

表4-3 四川晚熟柑橘产业带布局

经济区	市（州）	重点县（区）	辐射县（区、市）
成都平原经济区	成都市	蒲江县、金堂县	
	眉山市	东坡区、仁寿县、丹棱县、青神县	
	乐山市	井研县	
	遂宁市		船山区、射洪市
	资阳市		雁江区
	绵阳市		梓潼县
	雅安市		石棉县
川南经济区	自贡市	富顺县、沿滩区	大安区、荣县
	泸州市	泸县、合江县	叙永县、古蔺县
	内江市	资中县	隆昌市、市中区
	宜宾市		翠屏区、江安县、长宁县
川东北经济区	南充市	高坪区、西充县、南部县	阆中市、蓬安县、仪陇县
	广安市	邻水县	武胜县、广安区
	达州市	渠县	达川区
攀西经济区	梁山彝族自治州	雷波县	

数据来源：《川果产业振兴工作推进方案》。

2019 年，四川柑橘产量为 1 136.7 万吨，排名全国第 8 位，而柑橘园面积为 323 100 公顷，排名全国第 4 位，详细数据见表 4-4。此外，四川是全国独一无二的柠檬生产大省，主产县安岳被誉为"中国柠檬之都"，血橙面积、产量居全国之冠。与同处于西部的柑橘大省广西壮族自治区相比，两个省区无论是在柑橘产量还是在柑橘面积上，总体上都呈现增长态势，且广西明显高于四川。但是，广西的柑橘产量和面积波动较大，而四川的柑橘产量和面积则呈现出持续稳定增长的趋势。此外，王刘坤、祁春节（2018）指出，中国柑橘产业有从东南沿海地区向中西部转移的强劲趋势，《川果产业振兴工作推进方案》也明确指出，到 2022 年，四川晚熟柑橘的产业规模、产量、市场占有率和品牌影响力，排名全国第一位。2001—2019 年四川、广西柑橘产量对比，2001—2019 年四川、广西柑橘园面积对比分别见图 4-4、图 4-5。

表 4-4 2019 年中国柑橘大省（自治区、直辖市）柑橘产量面积

序号	省份	产量/万吨	序号	省份	面积/公顷
1	山东	2 840.2	1	广西	438 500
2	河南	2 589.7	2	湖南	399 900
3	广西	2 472.1	3	江西	336 000
4	陕西	2 012.8	4	四川	323 100
5	广东	1 768.6	5	广东	236 300
6	新疆	1 604.8	6	湖北	232 800
7	河北	1 391.5	7	重庆	221 700
8	四川	1 136.7	8	福建	138 500
9	湖南	1 062.0	9	浙江	88 600
10	湖北	1 010.2	10	云南	84 300
	全国	27 400.8		全国	2 617 300

数据来源：根据中国农村统计年鉴数据整理获得。

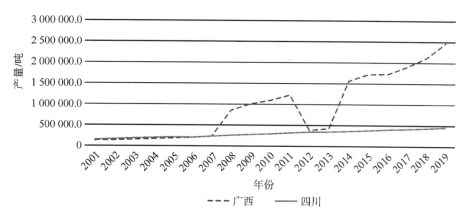

图 4-4 2001—2019 年四川、广西柑橘产量对比

数据来源：根据中国农村统计年鉴数据整理获得。

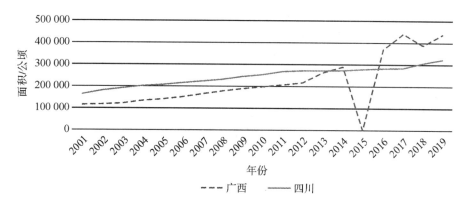

图 4-5 2001—2019 年四川、广西柑橘园面积对比

数据来源：根据中国农村统计年鉴数据整理获得。

从四川省柑橘结构来看，如果按照柑橘橙柚的统计口径，2019 年所占比例最高的为柑，产量为 1 716 588 吨，占比高达 37%，橙、橘、柚的比例依次递减，分别为 25%、15%、9%，详见图 4-6。进一步来看，宽皮柑橘占比为 62%，表明四川柑橘发展主要以宽皮柑橘为主。

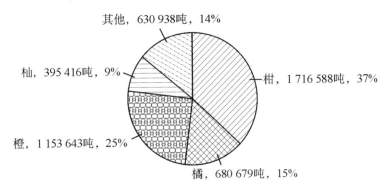

图 4-6   2019 年四川省柑橘结构

数据来源：根据四川省农业农村厅调研数据整理获得。

就四川省柑橘生产大市而言，从产量来看，排名前 8 位的依次为眉山市、成都市、资阳市、南充市、内江市、宜宾市、自贡市和达州市；从面积来看，排名前 8 位的依次为眉山市、资阳市、成都市、南充市、宜宾市、内江市、达州市和自贡市。显然，不论是基于产量进行排序，还是基于面积进行排序，眉山、成都和资阳都是稳居前 3 位的柑橘生产大市，详细数据见表 4-5。

表 4-5   2019 年四川省柑橘生产大市柑橘产量和面积

排名	城市	产量/吨	排名	城市	面积/公顷
1	眉山市	819 078	1	眉山市	58 202
2	成都市	676 476	2	资阳市	43 841
3	资阳市	662 063	3	成都市	32 561
4	南充市	443 101	4	南充市	32 228
5	内江市	342 018	5	宜宾市	29 045
6	宜宾市	339 758	6	内江市	22 919
7	自贡市	287 600	7	达州市	17 402
8	达州市	230 964	8	自贡市	17 333

数据来源：根据四川省农业农村厅调研数据整理获得。

就四川省柑橘生产大县（区）而言，从产量来看，排名前 10 位的依次为安岳县、仁寿县、蒲江县、资中县、金堂县、雁江区、江安县、荣县、东坡区和丹棱县；从面积来看，排名前 10 位的依次为安岳县、东坡区、仁寿县、资中县、江安县、雁江区、南部县、蒲江县、丹棱县和荣县，虽然两个排序之间存在一定的差异，但安岳县、仁寿县和资中县始终位列前4位，详细数据见表4-6。

表4-6 2019年四川省柑橘生产大县（区）柑橘产量和面积

序号	县（区）	柑橘产量/吨	序号	县（区）	柑橘面积/公顷
1	安岳县	471 115	1	安岳县	29 236
2	仁寿县	403 000	2	东坡区	19 392
3	蒲江县	284 929	3	仁寿县	18 733
4	资中县	236 427	4	资中县	14 582
5	金堂县	182 151	5	江安县	13 304
6	雁江区	179 797	6	雁江区	12 640
7	江安县	157 006	7	南部县	12 355
8	荣县	152 973	8	蒲江县	10 861
9	东坡区	151 486	9	丹棱县	9 792
10	丹棱县	148 185	10	荣县	8 964
11	高坪区	140 860	11	渠县	8 964
12	渠县	137 923	12	邻水县	7 258
13	富顺县	95 111	13	金堂县	7 116
14	蓬安县	87 560	14	高坪区	6 758
15	青神县	70 830	15	纳溪区	6 648

数据来源：根据四川省农业农村厅调研数据整理获得。

4.1.3 柑橘产业发展存在的主要问题

4.1.3.1 "重量轻质"现象存在

柑橘是四川"10+3"特色产业之一，基于自身禀赋优势，四川大力发展晚熟柑橘，从各地发展规划来看，都在不同程度上强调规模化发展，动辄规划上万亩甚至几十万亩，而目前柑橘市场已经趋于饱和甚至过度饱和，但有的县（区）依旧在大力规划发展中，柑橘生产总体上呈现出规模庞大、质量参差不齐的态势。柑橘生产"重栽轻管"现象突出，生产管理标准化水平普遍较低，尤其是普通柑橘农户对新技术推广的接受度较低，种植密度较高，经营管理比较粗放，柑橘质量难以得到有效保证，导致橘农收益提升不显著。柑橘"同质化"现象比较严重，部分地区从众选择柑橘品种，区域之间尚未形成显著的差异，柑橘大面积集中上市导致供过于求，在自然风险、市场风险、技术风险以及政策风险等多重风险叠加之下，柑橘销售困难重重。柑橘品牌效应有待提高，拥有绿色食品、有机产品等绿色生产认证的企业较少，缺乏诸如"裕溪""大三妹"等企业自有品牌，"安岳柠檬""资中血橙"等区域公共品牌的品牌价值较低，且存在一定的"公地悲剧"。因此，各柑橘生产地应该积极践行"质量兴橘，品牌兴橘"战略，在适度控制柑橘规模的同时，不断提高柑橘质量，在川果振兴中努力贡献柑橘的力量。

4.1.3.2 柑橘生产物资装备保障能力不足

四川晚熟柑橘产业带主要分布在成都平原、川南和川东北三大经济区，大部分区域属于丘区。虽然近几年四川在大力推进柑橘园区、基地等建设，但柑橘园基础设施建设普遍比较薄弱，物资装备保障能力严重不足。便民路、产业路以及机耕道尚未实现全覆盖，灌溉主要采用传统管网灌溉的方式，滴管、喷灌等新技术利用程度不高。物联网、电商等信息化技术应用不足，且主要应用于个别柑橘企业或合作社。部分柑橘园未接入动力电，水肥一体等设施难以有效运转，大多数业主缺乏厂房、冷库以及加工设备等设施。柑橘机械化水平非常低，育苗、灌溉、施肥、植保、采摘和采后商品化处理等环节基本上都是由人工操作的。部分柑橘园建设不合理，导致旱涝并存。因此，为了促进柑橘产业提质增效，有关部门亟待完善柑橘生产体系，不断优化道路系统、排灌系统、防风系统、水土保持等基础设施，提高柑橘生产科技化、机械化、信息化水平，帮助橘农有效规避冷冻、旱灾等自然风险以及市场价格多变等市场风险，着力化解柑橘生产"靠天吃饭"的矛盾。

4.1.3.3 柑橘产业链不完善

从全产业链来看，四川柑橘产业链条不完整，当前主要集中在附加值较低的生产环节，而附加值较高的产业链前端和后端却相对不足。在产业链前端，柑橘生产者的良种、农资等主要从外部主体获取，自主研发创新不足，因而柑橘生产的部分附加值被外部主体获取；在产业链后端，当前仅有少数企业、合作社等进行柑橘清洗、分级、打蜡、保鲜、包装等商品化处理，柑橘初加工水平整体较低，仓储、冷链、运输等服务比较缺乏，榨汁、罐头、果脯、精油等柑橘精深加工严重匮乏。由于部分柑橘园交通不便，基础设施建设比较落后，柑橘采摘、观光等休闲农业发展受限，仅有部分业主开展第三产业，且规模比例较小。电商目前主要依托微信、淘宝、拼多多等进行销售。电商压价严重，快递成本高昂，电商市场不规范等因素的存在，导致电商接入水平普遍较低。现实情况是，绝大多数柑橘都直接从柑橘园销售，而柑橘集中上市又容易导致"果贱伤农"，严重损害橘农的收益。四川柑橘产业融合水平较低，不同主体利益连接机制不完善，导致产业链绝大部分收益留在了生产环节之外，不利于橘农福利的提升和柑橘产业的可持续发展。因此，亟须完善柑橘产业体系，推进柑橘产业高水平融合发展，不断提高橘农福利。

4.1.3.4 劳动力老龄化突出

随着农村大量青壮年劳动力转移就业，柑橘生产劳动力严重不足，且呈现出"老龄化"的显著特征。据江安县××合作社理事长黄某反映，该社劳动力平均年龄为62岁，合作社已经到了无人可用的境地。老年农业存在诸多弊端。一方面，劳动力年龄越大，其身体越不健康，而柑橘生产需要风吹日晒，部分环节劳动强度较大，容易出现安全隐患；另一方面，橘农传统种植观念难以改变，导致先进适用技术和生产管理经验推广困难，柑橘园管理技术措施落实不到位，导致柑橘品质下滑，难以在激烈的市场竞争中拥有足够的话语权。因此，在强化对老年劳动力进行技术、经营管理等培训的同时，亟须推进柑橘劳动力年轻化，加大政策扶持力度，引导农民工、大学生等年轻群体返乡创业，为柑橘生产输入新鲜血液；提高橘农的组织化水平，大力培育柑橘合作社、龙头企业等新型农业经营主体，完善柑橘经营体系；健全柑橘社会化服务，引导小橘农和大市场有机衔接。

4.1.3.5 政府财政扶持力度不够

柑橘生产具有周期长、投入大的显著特征，因而维持稳定的资金链条至关重要。然而普通柑橘农户资金有限，即便是合作社、企业等新型农业经营主体，都普遍存在资金持续投入困难的问题，导致生产投入跟不上，经营管理粗放，柑橘品质难以得到有效保证，不利于橘农福利的提升和柑橘产业的可持续发展，因而亟须政府进行扶持。调研发现，政府财政扶持力度不够，仅有一部分新型农业经营主体获得财政扶持，且获得的扶持力度和期望值仍旧存在差距，绝大多数扶持都是一次性获取，而柑橘从栽种到挂果至少需要 3 年时间。冷库、厂房、水肥一体化等基础设施建设投入大，绝大多数生产者心有余而力不足，且设施用地的使用存在诸多限制。农村金融虽得到一定程度的发展，但合作社的厂房等固定资产以及土地经营权证书等依旧不能用作抵押、担保，因而不能从金融机构获得贷款。保险能够有效化解柑橘生产的双重风险，且柑橘生产者的需求十分旺盛，但目前缺乏专门针对柑橘的保险品种。因此，政府亟须加大财政扶持力度，优化财政扶持方式，完善金融支持，创新柑橘保险新品种，多管齐下，提高财政扶持水平。

4.2 柑橘合作社发展现状

4.2.1 柑橘合作社的特征

柑橘合作社的特征主要是基于柑橘产业的特殊性而言的，可概括为三点，即投入成本高、经营风险大、资产专用性高。

4.2.1.1 投入成本高

柑橘合作社的投入主要包括土地投入、生产资料投入、劳动力投入、资金投入等。对于土地投入而言，大多数合作社采用流转土地的形式实现规模化经营，因而土地租金成为大多数合作社每年的固定支出。一般而言，种植经济作物的土地的租金要高于种植粮食作物的租金，且租金每隔几年增长一次。农药、化肥等生产资料价格普遍涨价，且随着人民群众对绿色有机农产品的需求，使用有机农药、有机肥料等无疑会提高合作社的农资成本。柑橘属于劳动密集型产业，由于机械化水平低，病虫害防治、疏花疏果等环节需要大量的劳动力投入。此外，对于扩大规模，基础设施建设，开拓销售市场，无疑需要大量的资金投入。因此，投入成本高是柑橘合作社的显著特征。

4.2.1.2 经营风险大

柑橘合作社面临多重风险，如技术风险、政策风险、自然风险、市场风险、疫情风险等。新品种引进以及新技术推广等环节中存在一定的技术风险，政府盲目推广增加了柑橘生产的政策风险。柑橘生产本来存在大小年现象，同时还受天气的影响，低温、暴雨、干旱、霜冻等天气会严重影响柑橘的产量与品质。由于各地大力推广柑橘产业，虽未全部投产，但柑橘市场实际上已经接近饱和，除个别新品种外，柑橘销售困难的局面已经开始呈现，具体表现在柑橘价格波动大，产品低价贱卖甚至卖不出去。疫情风险主要是柑橘自身的疫病，比如黄脉病等。

4.2.1.3 资产专用性高

柑橘不同于普通的粮食作物，也区别于苹果、西瓜等其他类水果，有其特有的生产经营模式，故柑橘合作社表现出一定的资产专用性：一方面，需要专门的柑橘园，普通农田需要经过平整、开沟、修葺等一系列环节才能投入使用，部分合作社虽会开垦荒山荒坡进行种植，但也要花费更多的时间、金钱和精力。与此同时，柑橘园配套的基础设施，如机耕道、便民路、灌溉设施等，基本上专门是为柑橘生产量身打造的，因此很难转为他用。另一方面，柑橘生产需要一定的技术。因此，合作社专门针对柑橘生产开展一系列技术培训，比如施肥打药、疏花疏果、栽种嫁接等，因而技术也具有一定的专用性。

4.2.2 柑橘合作社发展成效

由于柑橘生产具有资产专用性、销售的频繁性以及交易的不确定性等显著特征，因而适合柑橘鲜果交易的渠道和方式是第三方组织的介入（牛玉珊、祁春节，2011），而合作社作为最重要的新型农业经营主体之一，自然也成为柑橘生产经营的主力军。因此，为了提高柑橘生产性的组织化程度，推动小橘农和大市场有机衔接，各地在柑橘产业发展中都重视对柑橘合作社的培育。在十个样本县（区）中，在册登记的柑橘合作社的数量最少的县（区）有十几个，其柑橘产量占全县柑橘总产量的近60%，而最多的样本县有200个柑橘合作社，其柑橘产量占全县柑橘总产量的近80%。

柑橘合作社发展的效应显著：在经济效应上，提高了橘农组织化、规模化程度，带动了当地柑橘产业的发展，促进了乡村产业兴旺，同时，合作社提供务工岗位，增加了社员的工资性收入。在社会效应上，促进了老年人和妇女就业，有利于促进农村社会和谐稳定。在生态效应上，不少合作社利用荒山、荒坡、荒地进行柑橘种植，改善了当地的生态环境，部分合作社还利用当地的资源禀赋开展休闲农业、乡村旅游，促进了柑橘产业与第一、二、三产业融合发展。

4.2.3 柑橘合作社发展存在的主要问题

4.2.3.1 资金普遍缺乏

柑橘合作社的特点之一就是投入成本高，新建柑橘园、完善基础设施、引进品种需要大量的资金投入，每年需要投入一定的土地、农药、肥料、劳动力等固定成本。在常规栽培条件下，柑橘大苗定植后 2 年试花，3 年结果，7~8 年进入盛果期，平均有 4 年的时间只有投入没有产出，因而对合作社的资金实力有很高的要求。在大众创业、返乡创业的浪潮中，许多业主抱着一颗热忱之心投入柑橘产业，进去之后才发现资金投入是个无底洞，不少柑橘合作社的经营状态是进退两难，若进，则没有资金用于改良品种、扩大规模以及开拓市场等；若退，多年经营则毁于一旦，于是这些合作社最终选择了低水平经营。因此，需要政府加大对柑橘合作社的政策扶持力度。

4.2.3.2 劳动力十分短缺

柑橘是劳动密集型产业，机械化水平比较低，诸如栽种、除草、打枝、疏花疏果以及采摘等田间管理环节主要还是依靠人工，但由于农业的弱质性，青壮年劳动力基本都外出转移就业，柑橘生产劳动力缺乏，剩下的劳动力呈现出"老龄化"的趋势。这无疑影响了技术推广的进程。就规模比较大的合作社而言，其对劳动力需求很大，而诸如疏花疏果、采摘等环节时间紧，工作量大，劳动力矛盾显得格外突出，有时候还会出现高价请不到劳动力的现象，而价格过高又会影响利润。因此，为了缓解劳动力缺乏的矛盾，一方面，政府需要大力培育职业农民，吸引更多专业的人从事柑橘生产；另一方面，推进柑橘生产机械化，降低柑橘生产成本。

4.2.3.3 规范化程度较低

民主管理和服务社员是合作社的本质属性。从民主管理来看，多数合作社并没有严格执行"三会"制度，经营管理主要由理事长、股东等部分核心社员决定。但与此同时，社员由于自身能力不足、认知不够等，其参与合作社的积极性也不高。多数合作社没有二次分红，只是简单地帮助社员进行销售。当然，部分合作社会有一个高于市场销售价格的收购价。由于柑橘合作社的发展水平普遍较低，因而服务供给能力相对不足，主要以"软服务"为主，如技术服务、信息服务等，"硬服务"供应相对不足，如农资服务、销售服务、资金服务等。因此，为了提高柑橘合作社的规划水平，一方面要完善合作社的治理结构，另一方面要优化合作社的服务结构。

4.3　社员服务利用现状

本节从利用决策、利用宽度和利用深度三个层面描述社员服务利用现状，其中，利用宽度和利用深度分别从横向与纵向维度进一步提高了社员服务利用程度。

4.3.1　利用决策现状

样本数据表明，仅仅有一半的社员利用了合作社服务，详见表4-7。实际上，这一数值可能比50%更低，因为调研样本并不是均匀分布的。在参与调研的社员样本中，利用合作社服务的社员比例较高，而在未参与调研的社员中，未利用合作社服务的社员比例较高。因此，总体来看，社员对合作社服务的利用严重不足。

表4-7　样本社员服务利用决策现状

利用决策	人数/个	比例/%
利用	262	50
未利用	262	50
合计	524	100

数据来源：根据调研数据整理获得。

4.3.2　利用宽度现状

本书将"利用宽度"界定为社员利用合作社农资、销售、资金、技术、信息等服务的种类数，其取值为0~5，即有0、1、2、3、4、5六种情形。统计数据表明（见表4-8），社员服务利用宽度的均值为1.31，表明社员利用宽度整体偏低。进一步来看：

表 4-8　社员利用宽度的描述性统计

利用宽度	人数/个	比例/%	均值	标准差
0	262	50.00		
1	60	11.45		
2	74	14.12		
3	58	11.07	1.31	1.58
4	47	8.97		
5	23	4.39		
合计	524	100.00		

数据来源：根据调研数据整理获得。

利用宽度为"1"的社员数量有 60 个，占比为 11.45%，总共存在 5 种利用情形。其中，利用信息服务的社员有 22 个，占比为 36.67%，利用技术服务的社员有 16 个，占比为 26.67%，二者总共占比为 63.34%，利用销售服务、农资服务、资金服务的社员分别有 11 个、10 个和 1 个，占比分别为 18.33%、16.67% 和 1.67%。

利用宽度为"2"的社员数量有 74 个，占比为 14.12%，总共存在 10 种利用组合，即农资销售、农资资金、农资技术、农资信息、销售资金、销售技术、销售信息、资金技术、资金信息和技术信息。其中，利用技术信息组合的社员最多，有 37 个，占比为 50%，利用农资销售、农资技术、农资资金、销售技术、农资信息、销售资金组合的社员数量依次递减，分别有 14 个、9 个、6 个、4 个、3 个和 1 个，占比分别为 18.92%、12.16%、8.11%、5.41%、4.05% 和 1.35%，详细数据见表 4-9。

表 4-9　社员不同利用宽度的描述性统计分析

利用宽度为"1"	人数/个	比例/%
农资	11	18.33
销售	10	16.67
资金	1	1.67
技术	16	26.67
信息	22	36.66
合计	60	100.00

表4-9(续)

利用宽度为"2"	人数/个	比例/%
农资销售	14	18.92
农资资金	6	8.11
农资技术	9	12.16
农资信息	3	4.05
销售资金	1	1.35
销售技术	4	5.41
销售信息	0	0
资金技术	0	0
资金信息	0	0
技术信息	37	50.00
合计	74	100.00
利用宽度为"3"	人数/个	比例/%
农资销售资金	1	1.72
农资销售技术	1	1.72
农资销售信息	2	3.45
农资资金技术	4	6.90
农资资金信息	0	0
农资技术信息	22	37.93
销售资金技术	1	1.72
销售资金信息	25	43.10
资金技术信息	2	3.46
合计	58	100.00
利用宽度为"4"	人数/个	比例/%
农资销售资金技术	0	0
农资销售资金信息	0	0
农资资金技术信息	24	51.06
销售资金技术信息	23	48.94
合计	47	100.00

数据来源：根据调研数据整理获得。

利用宽度为"3"的社员数量有 58 个，占比为 11.07%，总共存在 9 种利用组合，即农资销售资金、农资销售技术、农资销售信息、农资资金技术、农资资金信息、农资技术信息、销售资金技术、销售资金信息和资金技术信息，对应的社员数量分别为 1 个、1 个、2 个、4 个、0 个、22 个、1 个、25 个和 2 个，在该类样本中分别占 1.72%、1.72%、3.45%、6.90%、0、37.93%、1.72%、43.10%和 3.45%。显然，利用销售资金信息和农资技术信息组合的社员数量最多，详细数据见表 4-9。

利用宽度为"4"的社员数量有 47 个，占比为 8.97%，总共存在 4 种可能的利用组合，即农资销售资金技术、农资销售资金信息、农资资金技术信息和销售资金技术信息。但实际上，样本社员只存在农资资金技术信息和销售资金技术信息两种利用组合，对应的社员数量分别为 24 个和 23 个，分别占该类样本的 51.06%和 48.94%，详细数据见表 4-9。

利用宽度为"5"的社员数量有 23 个，占比为 4.39%，只存在一种利用组合，即社员利用了合作社农资销售资金技术信息等全部服务。该类社员所占的比例最小，详细数据见表 4-8。

显然，社员服务利用宽度普遍较低。总体来看，社员服务利用宽度的均值为 1.31，对于利用了合作社服务的社员而言，利用宽度主要为"1"或者"2"。那么，究竟有哪些因素影响了社员服务利用宽度，有待进一步研究。

4.3.3 利用深度现状

总体来看，利用技术服务和信息服务的社员数量最多，均为 187 个，占比均为 35.69%，利用农资服务、销售服务和资金服务的社员数量依次递减，分别有 143 个、105 个和 63 个，占比分别为 27.29%、20.04%和 12.02%。与 Anang 和 Asante（2020）的研究结果相呼应，发展中国家小农最容易获得的服务是农业推广，利用深度最低的是农业信贷，具体见表 4-10。显然，社员服务利用以"软服务"居多，因而在完善合作社服务的过程中，不仅要夯实合作社"软服务"的供给能力和水平，还要提升合作社"硬服务"的供给能力和水平。

表 4-10 社员服务利用深度的描述性统计

利用深度	农资服务		销售服务		资金服务		技术服务		信息服务	
	人数/个	比例/%	人数/个	比例/%	人数/个	比例/%	人数/个	比例/%	人数/个	比例/%
0	381	72.71	419	79.96	461	87.98	337	64.31	337	64.31
(0, 0.25]	4	0.76	12	2.29	12	2.29	47	8.97	66	12.60
(0.25, 0.5]	80	15.27	47	8.97	31	5.92	65	12.40	55	10.50
(0.5, 0.75]	54	10.31	35	6.68	12	2.29	50	9.54	45	8.59
(0.75, 1]	5	0.95	11	2.10	8	1.53	25	4.77	21	4.01
合计	524	100	524	100	524	100	524	100	524	100

数据来源：根据调研数据整理获得。

为了方便统计分析，我们将利用深度的取值划分为 5 种情形，即 0、(0, 0.25]、(0.25, 0.5]、(0.5, 0.75] 和 (0.75, 1]，以进一步考察社员对合作社各种服务的利用深度。

从农资服务利用来看，高达 72.71% 的社员没有利用合作社的农资服务。对于利用了合作社农资服务的社员而言，利用深度在 (0.25, 0.5]、(0.5, 0.75]、(0.75, 1] 和 (0, 0.25] 的社员数量依次递减，分别占总样本的 15.27%、10.31%、0.95% 和 0.76%，其中，利用深度在 (0, 0.5] 的社员占 58.74%。

从销售服务利用来看，79.96% 的社员没有利用合作社的销售服务。对于利用了合作社销售服务的社员而言，利用深度在 (0.25, 0.5]、(0.5, 0.75]、(0, 0.25] 和 (0.75, 1] 的社员数量依次递减，分别占总样本的 8.97%、6.68%、2.29% 和 2.10%，其中，利用深度在 (0, 0.5] 的社员占 56.19%。

从资金服务利用来看，87.98% 的社员没有利用合作社的资金服务。对于利用了合作社资金服务的社员而言，利用深度在 (0.25, 0.5]、(0.5, 0.75]、(0, 0.25] 和 (0.75, 1] 的社员数量依次递减，分别占总样本的 5.92%、2.29%、2.29% 和 1.53%，其中，利用深度在 (0, 0.5] 的社员占 68.25%。

从技术服务利用来看，87.98% 的社员没有利用合作社的技术服务。对于利用了合作社技术服务的社员而言，利用深度在 (0.25, 0.5]、(0.5, 0.75]、(0, 0.25] 和 (0.75, 1] 的社员数量依次递减，分别占总样本的 12.40%、9.54%、8.97% 和 4.77%，其中，利用深度在 (0, 0.5] 的社员占 59.89%。

从信息服务利用来看，64.31% 的社员没有利用合作社的信息服务。对于利用了合作社信息服务的社员而言，利用深度在 (0, 0.25]、(0.25, 0.5]、

（0.5，0.75］和（0.75，1］的社员数量依次递减，分别占总样本的12.60%、10.50%、8.59%和4.01%，其中，利用深度在（0，0.5］的社员占59.89%。

显然，社员服务利用深度普遍偏低，分别有72.71%、79.96%、87.98%、64.31%和64.31%的社员没有利用合作社的农资、销售、资金、技术和信息服务。对于利用了合作社服务的社员而言，其对合作社各类服务的利用深度主要为（0，0.5］。那么，究竟有哪些因素影响了社员服务利用深度，有待进一步验证。

4.3.4　社员服务利用存在的主要问题

（1）部分社员需求不足。柑橘属于劳动密集型产业，社员的种植规模普遍较小，一般在几分到几十亩之间。对于种植规模小的社员，其服务需求自然较小。同时，由于自身资源禀赋的差异，可能社员自身的能力便能满足柑橘生产所需，比如对于经验丰富的人而言，不需要外部的技术服务，自身积淀的经验已然能够满足生产需要；对于经济状况较好的社员，自然也不需要资金服务。

（2）合作社服务供给能力参差不齐。从服务供给宽度来看，合作社服务供给以技术服务和信息服务等"软服务"为主，销售服务和资金服务等"硬服务"供给相对不足。尤其是资金服务，绝大多数合作社都没有提供，虽然社员对该项服务的需求很大，但也无法利用。从服务供给质量来看，各种服务的质量、服务便捷度等有待进一步提高。当合作社提供的服务质量不如外部服务市场提供的服务质量时，社员就不会利用合作社服务。

（3）外部服务市场具有替代作用。在整个农业生产性服务市场中，除合作社外，还有政府、企业等其他服务主体，因此，合作社服务和其他主体提供的服务具有一定的替代关系。对于社员有需求的服务而言，如果合作社不提供服务或者提供的服务质量不理想，社员就会利用其他主体提供的农业生产性服务。

4.4 小结

本章利用联合国粮食及农业组织、中国农村统计年鉴、四川省农业农村厅以及实地调研等宏观、中观与微观统计数据，主要采用描述性统计和对比分析方法，从成效和存在的主要问题两个层面剖析本书所涉及的产业基础（柑橘产业）和组织基础（合作社），在此基础上，厘清社员服务利用的现状及问题。研究结论如下：

（1）柑橘具有生长的长周期性和经济寿命的多年性等自然特征，以及资产专用性高，兼具劳动密集型和资本密集型，销售不确定高等经济学特征。四川柑橘以宽皮柑橘为主，具有气候优势、晚熟优势以及规模优势，柑橘产量排名全国第八位，柑橘种植面积排名全国第四位。然而，四川柑橘当前面临"重量轻质"、物资装备保障能力不足、产业链不完善、劳动力老龄化突出和政府扶持力度不够等主要问题。

（2）合作社日益成为柑橘产业最重要的经营主体之一，柑橘合作社具有投入成本高、经营风险大、资产专用性高的特征，其在经济、社会以及生态等层面具有显著的成效，但也面临资金普遍缺乏、劳动力十分短缺和规范化程度较低等主要瓶颈。

（3）社员对合作社服务的利用程度较低。从利用决策来看，仅仅一半的社员利用了合作社服务；对于利用了合作社服务的社员而言，利用宽度主要为"1"或者"2"，利用深度主要为（0，0.5]。剖析原因发现，社员服务利用面临部分社员需求不足、合作社服务供给能力参差不齐以及外部服务市场的替代等主要问题。

5 社员对合作社服务利用决策分析

随着分工的深化，我国农业生产性服务业得到了快速发展（罗必良，2017），合作社因为自身独特的优势，成为农业生产性服务的重要供给主体（高钰玲，2014；杨丹，2019；赵黎，2019）。然而，在实践中，社员服务利用并不理想（Mujawamariya et al.，2013；Hao et al.，2018），实地调研也发现仅仅有一半的社员利用了合作社服务。可见，社员对合作社服务的利用严重不足，这将不利于合作社服务的发展，因为合作社服务的持续发展，关键在于社员对其的积极利用（蔡荣、易小兰，2017；Apparao et al.，2019）。因此，研究社员服务利用决策的影响因素，对完善合作社服务、促进合作社提质增效，具有重要的理论与实践意义。

基于前文的理论分析框架可知，社员服务利用受"需求"和"供给"两个层面的共同影响。从需求端来看，社员个体特征（苏群 等，2012；何国平、刘殿国，2016）和家庭经营特征（郭红东、陈敏，2010；Ma et al.，2016）对社员服务利用具有一定的潜在影响。而从供给端来看，合作社基本特征（杨丹 等，2016；王军 等，2021）、合作社服务特征（李敏 等，2015；刘禹辰、平瑛，2018）和外部环境特征（Hamdan Al-Zahrani et al.，2021；Sebhatu et al.，2021）对社员服务利用具有潜在的影响。

基于此，本章利用四川省柑橘大县（市、区）74 个柑橘合作社和 524 个柑橘社员的微观调研数据，采用二元 Logit 模型，从社员个体特征、家庭经营特征、合作社基本特征、合作社服务特征和外部环境特征等维度实证检验社员服务利用决策的影响因素。

5.1 模型设定

本节旨在考察社员服务利用决策的影响因素，因变量为利用决策。其取值包括社员利用合作社服务和社员未利用合作社服务两种情形，是一个典型的二分类变量，适合采用二值选择模型进行估计。经典的二值选择模型有二元 Logit 模型和二元 Probit 模型，其中，前者为逻辑分布的累积分布函数，后者为标准正态的累积分布函数，二者图形比较相似。鉴于逻辑分布的累计分布函数有解析表达式，而标准正态分布没有，因而通常使用 Logit 模型比使用 Probit 模型更方便（陈强，2014）。因此，本节采用二元 Logit 模型估计社员服务利用决策的影响因素。二元 Logit 模型的基础公式为

$$P_i = F\left(\alpha + \sum_{j=1}^{n} \beta_j x_j\right) = \frac{1}{1 + e^{-\left(\alpha + \sum_{j=1}^{n} \beta_j x_j\right)}} \tag{5-1}$$

其中，P_i 为第 i 个社员利用合作社服务的概率，α 为常数项，β_j 为自变量的 Logit 回归系数，$n = 14$ 代表自变量的数量，x_j 代表第 j 个自变量，通过对式（5-1）取对数得到 Logit 回归模型的线性表达公式：

$$\ln \frac{P_i}{1 - P_i} = \alpha + \sum_{j=1}^{n} \beta_j x_j \tag{5-2}$$

5.2 数据来源与变量设置

5.2.1 数据来源

本章实证部分所使用的数据均来自笔者对四川省柑橘大县（市、区）74 个柑橘合作社以及 524 个柑橘社员的微观调研数据，数据的具体获取情况和样本的基本特征详见第 3 章，此处不再赘述。

5.2.2 变量定义与描述性统计

本节旨在探究社员服务利用决策的影响因素。基于前文理论分析，自

变量包含五个维度，即社员个体特征、家庭经营特征、合作社基本特征、合作社服务特征和外部环境特征。其中，社员个体特征和家庭经营特征用于描述社员对合作社服务的"需求"，合作社基本特征和合作社服务特征用来刻画合作社服务供给，最后一个维度用于表征外部农业生产性服务供给。

借鉴相关研究，社员个体特征用年龄（Karli et al.，2006；马彦丽、施轶坤，2012；陈宏伟、穆月英，2019）、受教育程度（张美珍 等，2010；张启文 等，2013）、服务需求（Viaggi et al.，2011；Akudugu et al.，2012）、对合作社的了解程度（Ito，2012；赵晓峰 等，2015）和邻居是否利用（Enander et al.，2009；姚瑞卿、姜太碧，2015）来刻画；家庭经营特征使用劳动力（Asfaw，2012；Kuehne，2013）、种植面积（Ma et al.，2016；章磷 等，2018；陈迪 等，2021）、种植年限（孙艳华 等，2007）、销售风险（郭红东、陈敏，2010）和柑橘收入占比（刘国强 等，2015）来表征；合作社基本特征用示范等级（吕子文，2014）、社员大会的表决方式（刘同山、孔祥智，2015）和是否按交易量/股份分配盈余（徐旭初，2005）来代替；合作社服务特征使用服务宽度、服务质量满意度和服务便捷度来表示（李敏 等，2015；刘禹辰、平瑛，2018）；外部环境特征使用外部服务市场的发育程度（陈雪婷 等，2020）和经济区划（孙艳华 等，2007）来代表。变量定义与描述性统计见表5-1。

表5-1 变量定义与描述性统计

变量	定义	均值（标准差）	预期方向
因变量			
利用决策	利用=1，不利用=0	0.50（0.50）	
自变量			
社员个体特征			
年龄	实际年龄/岁	55.27（9.93）	−
受教育程度	实际受教育年限/年	7.44（3.55）	+
服务需求	5分类变量，且1~5依次递增	3.68（1.01）	+

表5-1(续)

变量	定义	均值 （标准差）	预期 方向
对合作社的了解程度	5分类变量，且1~5依次递增	3.02 (1.14)	+
邻居是否利用	是=1，否=0	0.49 (0.50)	+
家庭经营特征			
劳动力	2019年从事柑橘生产的劳动力/个	2.07 (0.97)	−
种植面积	2019年实际柑橘种植面积/亩	0.27 (0.44)	+
种植年限	实际年限/年	13.01 (9.83)	+
销售风险	是=1，否=0	0.39 (0.49)	+
柑橘收入占比	2019年柑橘收入除以家庭总收入		
合作社基本特征			
合作社的示范等级	1=非示范，2=县级，3=市级，4=省级，5=国家级	2.21 (1.31)	+
社员大会的表决方式	"一人一票"=1，其他=0	0.65 (0.48)	+
是否按交易量/股份分配盈余	是=1，0=否	0.46 (0.50)	+
合作社服务特征			
服务宽度	取值0、1、2、3、4、5	4.16 (0.87)	+
服务质量满意度	5分类变量，且1~5依次递增	2.87 (1.07)	+
服务便捷度	5分类变量，且1~5依次递增	3.19 (1.20)	+
外部环境特征			+
外部服务市场的发育程度	外部农业生产性服务市场的发育水平	3.29 (0.75)	+
经济区划	1=成都平原经济区，2=川东北经济区，3=川南经济区，虚拟变量	1.59 (0.86)	+/−

进一步研究发现，利用合作社服务和未利用合作社服务的社员在社员个体特征、家庭经营特征、合作社服务特征和外部环境特征等维度存在显著的差异，主要表现在：相比于未利用合作社服务的社员，利用合作社服务的社员的年龄较小，受教育程度较高，服务需求较大，邻居利用合作社服务的可能性较大，种植面积较大、种植年限较长，柑橘收入占比较高，所在合作社的服务质量满意度比较高，合作社服务便捷度比较高，外部服务市场发育水平较低，详细结果见表5-2。

表5-2 各自变量的组间均值差异

变量	未利用社员		利用社员		组间差异	
	均值	标准误	均值	标准误	均值	标准误
社员个体特征						
年龄	56.237	0.610	54.302	0.613	−1.935**	0.864
受教育程度	6.985	0.223	7.885	0.213	0.901***	0.308
服务需求	3.210	0.066	4.145	0.043	0.935***	0.079
对合作社的了解程度	2.798	0.070	3.233	0.069	0.435***	0.098
邻居是否利用	0.076	0.016	0.908	0.018	0.832***	0.024
家庭经营特征						
劳动力	2.000	0.061	2.134	0.059	0.134	0.085
种植面积	4.896	0.272	7.377	0.303	2.480***	0.407
种植年限	12.061	0.581	13.954	0.628	1.893**	0.856
销售风险	0.397	0.030	0.389	0.030	−0.008	0.043
柑橘收入占比	57.233	1.979	67.546	1.827	10.313***	2.693
合作社基本特征						
合作社的示范等级	2.206	0.081	2.212	0.082	0.011	0.115
社员大会的表决方式	0.656	0.029	0.649	0.030	0.008	0.042
是否按交易量/股份分配盈余	0.466	0.031	0.447	0.031	−0.019	0.044
合作社服务特征						
服务宽度	4.160	0.054	4.164	0.053	0.004	0.076
服务质量满意度	2.179	0.054	3.553	0.047	1.374***	0.071
服务便捷度	2.279	0.050	4.103	0.046	1.824***	0.068

表5-2(续)

变量	未利用社员		利用社员		组间差异	
	均值	标准误	均值	标准误	均值	标准误
外部环境特征						
外部服务市场的发育程度	3.302	0.047	3.282	0.046	−0.019**	0.066
川东北	0.088	0.018	0.115	0.020	0.027	0.026
成都平原	0.641	0.030	0.668	0.641	0.027	0.042
川南经济区	0.271	0.028	0.218	0.026	−0.053**	0.038

注：** 、*** 分别表示在5%、1%的水平上显著。

5.3 模型回归结果与分析

在正式进行回归分析之前，先对自变量间的多重共线性进行检验。多重共线性检验结果表明（见表5-3），方差膨胀因子（variance inflation factor，VIF）的均值为1.41，最大值为2.12，没有满足"VIF 的均值大于1且最大值大于10"这一条件，表明模型不存在显著的多重共线性（胡博，2013）。

表5-3 自变量多重共线性检验结果

变量	VIF	1/VIF
年龄	1.44	0.70
受教育程度	1.43	0.70
服务需求	1.72	0.58
对合作社的了解程度	1.3	0.77
邻居是否利用	1.75	0.57
劳动力	1.09	0.92
种植面积	1.49	0.67
种植年限	1.36	0.74
销售风险	1.06	0.95
柑橘收入占比	1.37	0.73

表5-3(续)

变量	VIF	1/VIF
合作社的示范等级	1.25	0.80
社员大会的表决方式	1.21	0.82
是否按交易量/股份分配盈余	1.11	0.90
服务宽度	1.21	0.83
服务质量满意度	1.92	0.52
服务便捷度	2.12	0.47
外部服务市场的发育程度	1.12	0.89
川东北经济区	1.37	0.73
川南经济区	1.40	0.71
Mean VIF	1.41	—

此外，需要明确的是，Logit 模型的回归系数的大小并没有实际意义，无法对其直接进行大小比较，故本节测算了各自变量的平均边际效应，回归分析和边际分析的具体结果详见表 5-4 中的"模型 I"。

表 5-4　社员服务利用决策的回归分析和边际分析结果

变量名称	模型 I		模型 II	
	系数	边际效应	系数	边际效应
社员个体特征				
年龄	−0.019	0.000	−0.010	0.000
受教育程度	0.187	0.003*	0.093*	0.003*
服务需求	1.836***	0.030***	0.976***	0.030***
对合作社的了解程度	0.806**	0.013**	0.444**	0.014**
邻居是否利用	9.537***	0.157***	5.026***	0.156***
家庭经营特征				
劳动力	−1.101***	−0.018***	−0.563***	0.017***
种植面积	0.112	0.002	0.046	0.001
种植年限	0.020	0.000	0.016	0.000

表5-4(续)

变量名称	模型Ⅰ		模型Ⅱ	
	系数	边际效应	系数	边际效应
销售风险	1.547*	0.025*	0.858**	0.027**
柑橘收入占比	0.019	0.000	0.011*	0.000
合作社基本特征				
合作社的示范等级	-0.446	-0.007	-0.274*	0.009
社员大会的表决方式	-1.155	-0.019	-0.521	0.016
是否按交易量/股份分配盈余	1.552*	0.026**	0.734**	0.023**
合作社服务特征				
服务宽度	-0.369	-0.006	-0.143	0.004
服务质量满意度	1.632***	0.027***	0.837***	0.026***
服务便捷度	5.361***	0.088***	2.898***	0.090***
外部环境特征				
外部服务市场的发育程度	0.072	0.001	0.006	0.000
川东北经济区	5.439***	0.089***	2.696***	0.084***
川南经济区	-0.742	-0.012	-0.543	0.017
常数项	-33.430***		-17.899***	
样本量	524		524	
Wald chi^2	59.41		74.86	
Prob>chi^2	0.000		0.000	
Pseudo R^2	0.920		0.919 3	
Log likelihood	-28.966		-29.307	

注：*、**、***分别表示在10%、5%、1%的水平上显著。

回归结果表明，模型Ⅰ的 Log likelihood 为 -28.966，Pseudo R^2 为 0.920，而 Wald chi^2 值为 59.41，且通过1%水平上的显著性检验，表明社员服务利用决策的影响因素这个模型拟合得比较好。进一步来看，社员个体特征、家庭经营特征、合作社基本特征、合作社服务特征和外部环境特征等对社员服务利用决策具有潜在的影响。具体来看：

（1）社员个体特征对其服务利用决策的影响。服务需求通过1%水平上的显著性检验，边际系数为0.030，表明社员对合作社服务的需求越大，社员利用合作社服务的可能性越大，且社员对合作社服务的需求每增加一个单位，其利用合作社服务的可能性平均增加3.0%。可见，服务需求是社员利用合作社服务的重要前提，与预期方向一致。对合作社的了解程度通过5%水平上的显著性检验，边际系数为0.013，表明社员对合作社越了解，其利用合作社服务的可能性越大，且社员对合作社的了解程度每增加一个单位，其利用合作社服务的可能性平均增加1.3%，呼应了赵晓峰等（2015）的研究结论。邻居是否利用通过1%水平上的显著性检验，边际系数为0.157，表明邻居利用合作社服务有利于引导社员自身利用，且邻居利用合作社服务的比例每增加一个单位，社员利用合作社服务的可能性平均增加15.7%，证明邻里的示范带动在社员服务利用实践中具有重要的引导作用（朋文欢、傅琳琳，2018）。而年龄和受教育程度没有通过10%水平上的显著性检验。

（2）家庭经营特征对社员服务利用决策的影响。劳动力通过1%水平上的显著性检验，边际系数为-0.018，表明家庭从事柑橘生产的劳动力越多，社员利用合作社服务的可能性越小，且家庭柑橘劳动力每增加一个单位，社员利用合作社服务的可能性平均降低1.8%。因为柑橘劳动力越多，有利于社员从外部服务市场获得相关服务，其对合作社服务的需求将会变小，因而社员利用合作社服务的可能性将会降低。销售风险通过10%水平上的显著性检验，边际系数为0.025，表明销售风险越大，社员利用合作社服务的可能性越大，且销售风险每增加一个单位，社员利用合作社服务的可能性平均增加2.5%，与郭红东、陈敏（2010）的研究结论相一致。而种植面积、种植年限与柑橘收入占比没有通过10%水平上的显著性检验。

（3）合作社基本特征对社员服务利用决策的影响。是否按交易量/股份分配盈余通过10%水平上的显著性检验，边际系数为0.026，表明相对于未按交易量/股份分配盈余的合作社，按交易量/股份分配盈余的合作社社员利用合作社服务的可能性平均增加2.6%，可见，合理的分配制度对社员服务利用决策具有重要的影响，因而合作社规范化建设有利于促进社员服务利用。合作社的示范等级和社员大会的表决方式没有通过10%水平上的显著性检验。

（4）合作社服务特征对社员服务利用决策的影响。服务质量满意度和服务便捷度均通过 1% 水平上的显著性检验，边际系数分别为 0.027、0.088，表明服务质量满意度和服务便捷度都显著促进了社员对合作社服务的利用，与孙亚范、余海鹏（2012）和李敏等（2015）的研究结论一致。进一步可以看出，服务质量满意度每增加一个单位，社员利用合作社服务的可能性平均增加 2.7%。同理，对于服务便捷度而言，其每增加一个单位，社员利用合作社服务的可能性平均增加 8.8%，与预期方向一致。服务宽度没有通过 10% 水平上的显著性检验。可见，合作社服务供给的关键在于其质量和便捷度，较高的供给质量和供给便捷度才能促进社员服务利用。

（5）外部环境特征对社员服务利用决策的影响。川东北通过 1% 水平上的显著性检验，边际系数为 0.089，表明相对于成都平原经济区，川东北经济区社员利用合作社服务的可能性较大，且平均增加 8.9%，而川南经济区没有通过 10% 水平上的显著性检验。显然，不同地区的社员对合作社服务的利用情况存在差异。此外，外部服务市场的发育程度没有通过 10% 水平上的显著性检验，但通过前文的统计分析发现，利用了合作社服务的社员所在的外部市场的发育程度比未利用的社员平均低 0.019，在一定程度上表明外部服务市场对合作社服务而言是一种有效的补充，二者共同满足社员对农业生产性服务的需求。

5.4 稳健性分析

本节旨在考察社员服务利用决策的影响因素。为了检验模型 I 估计结果的稳健性，采用 Logit 的同源模型 Probit 模型来考察社员服务利用决策的影响因素，稳健性检验结果见表 5-4 中的"模型 II"。需要进一步强调的是，为了消除潜在的异方差，模型 II 亦采用了 robust 稳健性估计，同时也计算出各变量的平均边际效应。

结果表明，模型 II 相较于模型 I，各自变量在显著性、系数大小等方面都十分相近，表明上述实证结果较为稳健，得出的结论比较具有说服力。

5.5 小结

本章旨在考察社员服务利用决策。首先，从理论层面分析社员服务利用的内在逻辑；其次，构建影响社员服务利用的指标变量；再次，利用四川省柑橘大县（市、区）74 个柑橘合作社和 524 个柑橘社员的微观调研数据，采用二元 Logit 模型实证检验社员服务利用决策的影响因素；最后，本章得出以下结论：

（1）社员服务利用决策受到社员自身需求和服务供给"双重"因素的影响。社员个体特征和家庭经营特征在一定程度上决定社员对合作社服务的"需求"，而合作社基本特征与合作社服务特征在一定程度上决定合作社服务的"供给"，外部环境特征在一定程度上决定了外部农业生产性服务的供给，且其对合作社服务有一定的补充作用。

（2）社员服务利用决策受到社员个体特征、家庭经营特征、合作社基本特征、合作社服务特征和外部环境特征的潜在影响。其中，服务需求、对合作社的了解程度、邻居是否利用、销售风险、是否按交易量/股份分配盈余、服务质量满意度、服务便捷度、川东北经济区显著促进了社员对合作社服务的利用，而劳动力显著抑制了社员对合作社服务的利用。进一步来看，邻居是否利用、服务便捷度、川东北经济区、服务需求对社员服务利用决策的边际影响较大。

6 社员对合作社服务利用程度分析

    利用决策是社员服务利用行为的逻辑起点。作为一个理性的个体，社员出于利益最大化的考虑，首先会考虑自身是否利用合作社服务。进一步来看，社员对合作社服务的利用程度也存在差异。从横向维度来看，表现为利用宽度的差异，即社员利用合作社服务的种类数并不相同；从纵向维度来看，表现为利用深度的差异，即社员利用每种合作社服务的比例并不相同。社员对合作社服务的积极利用才是合作社服务功能发挥作用的关键所在（Fulton，1999；Liu et al.，2022）。因此，考察社员对合作社服务的利用程度，对提高合作社的发展水平、促进合作社提质增效，具有重要的理论和实践指导意义。

    调研数据表明，从利用决策来看，仅仅一半的社员利用了合作社服务；对于利用了合作社服务的社员而言，利用宽度主要为"1"或者"2"，且对合作社各种服务的利用深度主要为（0，0.5]。显然，社员对合作社服务的利用程度普遍较低。那么，究竟有哪些因素影响了社员服务利用宽度和利用深度，有待进一步研究。因此，本章后续部分将重点考察社员利用宽度和利用深度的影响因素。

    基于前文的理论分析，利用宽度和利用深度可以看作利用决策的延续，二者皆是社员服务利用行为的重要组成部分。社员同样出于利益最大化的考虑，在自身需求和服务供给的双重约束下，对利用宽度和利用深度进行选择，而社员个体特征、家庭经营特征、合作社基本特征、合作社服务特征和外部环境特征等变量同样影响社员服务的利用宽度和利用深度。

    基于此，本章利用四川省柑橘大县（市、区）74个柑橘合作社和524个柑橘社员的微观调研数据，实证考察社员对合作社服务的利用程度。具体而言，从社员个体特征、家庭经营特征、合作社基本特征、合作社服务特征和外部环境特征五个维度，采用泊松模型实证检验社员服务利用宽度的影响因素，以及采用双栏模型实证检验社员服务利用深度的影响因素。

需要进一步说明的是，在研究社员服务利用深度的时候，仅以销售服务为例，主要基于以下几点：首先，销售服务是社员最想获取的合作社服务之一；其次，利用资金服务的样本很少，不太适合使用模型进行计量分析；再次，技术服务和信息服务的测算不太精准；最后，销售服务同农资服务的回归结果比较相近。因此，为了提高模型估计结果的科学性，同时为了避免重复，本章仅实证分析了社员销售服务利用深度的影响因素。

6.1　模型设定

6.1.1　社员对合作社服务利用宽度分析

社员服务利用宽度的取值范围为0、1、2、3、4、5，是典型的计数模型。由于因变量是非负整数，因此可以采用泊松回归或负二项回归模型进行估计。二者的差异主要在于，前者适用于因变量的方差与期望值近似相等的情况，即因变量呈现出"均等分散"的特征。而若因变量的方差明显大于期望值，即存在"过度分散"的特征，则适用于负二项回归（陈强，2014）。

为了选择最优模型，需要进一步考察因变量的方差与期望值是否相等并检验 alpha 的显著性。如果因变量的方差与期望值相等，且 alpha 不显著，则宜采用泊松模型；如果因变量的方差显著大于期望值，且 alpha 显著，则宜采用负二项回归模型。统计分析和回归分析结果表明，因变量利用宽度的方差（2.504）略大于期望值（1.307），且 alpha 未通过显著性检验。因此，本节利用泊松模型考察社员对合作社服务的利用宽度的影响因素。其基础模型设定如下：

$$E(Y \mid x_i, \beta) = \exp(\beta_0 + \beta_i x_i)$$
$$= \exp(\beta_0 + \beta_1 x_1 + \beta_2 x_2 + \cdots + \beta_k x_k) \qquad (6-1)$$

在上式两边同时取自然对数得到泊松模型的线性表达形式：

$$\ln[E(Y \mid x_i, \beta)] = \beta_0 + \beta_1 x_1 + \beta_2 x_2 + \cdots + \beta_k x_k \qquad (6-2)$$

其中，x_i 为影响社员利用宽度的影响因素。

6.1.2　社员对合作社服务利用深度分析

现有研究通常使用 Tobit 模型来考察个体某种行为的程度；但该模型

将行为决策和程度决策视为一个过程来进行分析。但在实践中，行为决策和程度决策实际上是两个明显有时间次序的决策过程，即个体先对特定行为进行抉择，再对特定行为的程度进行选择。为了弥补这一不足，Cragg提出了 Double-Hurdle 模型。当前，双栏模型已被广泛应用于个体的行为决策分析中（储成兵，2015；Verkaart et al., 2017；Akter et al., 2021）。社员销售服务利用行为也可以看作两个决策阶段的结合，第一个阶段社员决策是否利用合作社销售服务（利用决策），第二个阶段社员决策对合作社销售服务的利用深度（深度决策）。因此，为了深入分析社员销售服务利用行为，本节利用 Double-Hurdle 模型实证检验社员销售服务利用深度的影响因素。

Double-Hurdle 模型又被称为广义 Tobit 模型，放松了 Tobit 模型的假设条件，其可以在决策方程和程度方程有不同的估计系数，适用于分析个体在经济行为中两个不同决策阶段的影响因素。其本质是 Probit 模型和 Truncated 模型的结合，它允许自变量分别影响社员的利用决策和深度决策。这样使社员销售服务利用行为具有更大的阐述解释力。Double-Hurdle 模型设置如下：

$$\begin{cases} Z_i^* = \alpha X_{1i} + \mu_i \ \mu_i - N(0, \ 1) \\ Y_i^* = \beta X_{2i} + \nu_i \ \nu_i - N(0, \ 1) \\ \quad \begin{cases} Z_i = 1, \ Z_i^* > 0 \\ Z_i = 1, \ Z_i^* \leqslant 0 \end{cases} \end{cases} \tag{6-3}$$

$$\begin{cases} Y_i = Y_i^*, \ 如果 \ Z_i^* > 0, \ 且 Z_i = 1 \\ \quad Y_i = 0, \ 如果 \ Z_i^* \leqslant 0 \end{cases} \tag{6-4}$$

$$L(\alpha, \ \beta, \ \sigma) = \prod_{i=1}^{n} \left[1 - \Phi(X_{1i}) \right]^{1(\omega-0)} \prod_{i=1}^{n}$$

$$\Phi(X_{1i}) \frac{1}{\sqrt{2\pi}\sigma} \exp\left[\frac{-(Y - X_{2i}\beta)^2}{2\sigma^2} \right] / \left[\Phi(X_{2i}) \right]^{1(\omega-1)} \tag{6-5}$$

上式中，如果括号里面的式子成立，则赋值为 1；否则，赋值为 0。α 和 β 分别代表决策方程和深度方程中自变量 X 的系数。

6.2 数据来源与变量设置

6.2.1 数据来源

本节实证部分所使用的数据均来自笔者对四川省柑橘大县（市、区）的 74 个柑橘合作社以及 524 个柑橘社员的微观调研数据，数据的具体获取情况和样本的基本特征详见第 3 章，此处不再赘述。

6.2.2 变量定义与描述性统计

本节从横向维度和纵向维度出发，深入考察社员服务利用宽度和利用深度的影响因素。基于前文理论分析，自变量包含五个维度，即社员个体特征、家庭经营特征、合作社基本特征、合作社服务特征和外部环境特征。其中，前两个维度用于描述社员对合作社服务的"需求"，合作社基本特征和合作社服务特征用于表征合作社服务供给，最后一个维度用于代表外部农业生产性服务供给。

在考察社员销售服务利用深度的影响因素时，模型的变量设置大体同"5.2.2 变量定义与描述性统计"部分一致，但存在以下差异：其一，没有使用"服务需求"这个变量，因为"种植面积"等变量可以间接表示社员对合作社（销售）服务的需求，加入"服务需求"后，模型的拟合不太理想；其二，"邻居是否为社员"替换了"邻居是否利用"，因为使用前者可以使模型拟合得更优；其三，"销售风险"会引起多重共线性，故未纳入；其四，社员销售服务利用深度同合作社服务宽度的联系不大，故未将其纳入自变量；其五，合作社销售服务质量的一个重要体现就是其能否提供一个高于市场价格的溢价，因而用"溢价能力"代替之前的"服务质量满意度"；其六，使用"销售服务便捷度"代替"服务便捷度"，相较于后者，前者更为精准。本章变量定义与描述性统计见表 6-1。

表 6-1 变量定义与描述性统计

变量	定义	均值（标准差）	预期方向[c]	预期方向[d]
因变量				
利用宽度[a]	取值 0、1、2、3、4、5	1.31 (1.58)		
销售服务利用深度[b]	2019 年经合作社销售的柑橘产量占比/%	0.10 (0.23)		
自变量				
社员个体特征				
年龄	实际年龄/岁	55.27 (9.93)	−	−
受教育程度	实际受教育年限/年	7.44 (3.55)	+	+
服务需求[a]	5 分类变量，且 1~5 依次递增	3.68 (1.01)	+	
对合作社的了解程度	5 分类变量，且 1~5 依次递增	3.02 (1.14)	+	+
邻居是否利用[a]	是 =1，否 =0	0.49 (0.50)	+	
邻居是否为社员[b]	是 =1，否 =0	0.77 (0.42)		+
家庭经营特征				
劳动力	2019 年从事柑橘生产的劳动力/个	2.07 (0.97)	−	−
种植面积	2019 年实际柑橘种植面积/亩	0.27 (0.44)	+	+
种植年限	实际年限/年	13.01 (9.83)	+	+
销售风险[a]	是 =1，否 =0	0.39 (0.49)	+	
柑橘收入占比	2019 年柑橘收入除以家庭总收入	62.39 (31.23)	+	+
合作社基本特征				

表6-1(续)

变量	定义	均值 (标准差)	预期 方向[c]	预期 方向[d]
合作社的示范等级	1=非示范，2=县级，3=市级，4=省级，5=国家级	2.21 (1.31)	+	+
社员大会的表决方式	"一人一票"=1，其他=0	0.65 (0.48)	+	+
是否按交易量/股份分配盈余	是=1，0=否	0.46 (0.50)	+	+
合作社服务特征				
服务宽度[a]	取值0、1、2、3、4、5	4.16 (0.87)	+	
服务质量满意度[a]	5分类变量，且1~5依次递增	2.87 (1.07)	+	
溢价能力[b]	5分类变量，且1~5依次递增	2.52 (0.91)		+
服务便捷度[a]	5分类变量，且1~5依次递增	3.19 (1.20)	+	
销售服务便捷度[b]	5分类变量，且1~5依次递增	3.00 (1.15)		+
外部环境特征				
外部服务市场的发育程度	外部农业生产性服务市场的发育水平	3.29 (0.75)	+/-	+/-
经济区划	1=成都平原经济区，2=川东北经济区，3=川南经济区，虚拟变量	1.59 (0.86)	+/-	+/-

注：[a]表示该变量仅用于社员服务利用宽度影响因素模型中，[b]表示该变量仅用于社员销售服务利用深度影响因素模型中，未加上标的变量表示其用于上述两个模型中；[c]表示社员服务利用宽度影响因素模型中各变量的预期方向，[d]表示社员销售服务利用深度影响因素模型中各变量的预期方向。

6.3 模型回归结果分析

6.3.1 利用宽度影响因素的模型回归结果分析

本节利用Stata15.0统计分析软件进行社员服务利用宽度影响因素的泊松回归。因为模型的自变量设置与第5章相同，因此，基于第5章的多重共线性检验结果（VIF的均值为1.41，最大值为2.12），该模型不存在显著的多重共线性。同时，为了矫正潜在的异方差问题，模型估计时采用了Robust稳健性估计。此外，测算了各自变量的平均边际效应，回归分析和边际分析的具体结果详见表6-2中的模型I。

表6-2 社员服务利用宽度的回归分析和边际分析结果

变量名称	模型 I		模型 II	
	系数	边际效应	系数	边际效应
社员个体特征				
年龄	0.000	−0.001	−0.001	−0.001
受教育程度	0.001	0.001	0.003	0.004
服务需求	0.093*	0.121**	0.085*	0.116*
对合作社的了解程度	0.003	0.004	0.010	0.013
邻居是否利用	0.929***	1.215***	1.138***	1.548***
家庭经营特征				
劳动力	−0.002	−0.003	−0.003	−0.003
种植面积	0.001	0.002	0.003	0.005
种植年限	0.001	0.002	0.001	0.002
销售风险	0.056	0.073	0.078	0.106
柑橘收入占比	0.000	0.000	0.000	0.000
合作社基本特征				
合作社的示范等级	0.008	0.010	−0.021	−0.029
社员大会的表决方式	−0.004	−0.005	0.022	0.030

表6-2(续)

变量名称	模型 I		模型 II	
	系数	边际效应	系数	边际效应
是否按交易量/股份分配盈余	0.010	0.013	0.068	0.093
合作社服务特征				
服务宽度	-0.061*	-0.079*	0.002	0.003
服务质量满意度	0.392***	0.512***	0.397***	0.540***
服务便捷度	0.619***	0.809***	0.555***	0.755***
外部环境特征				
外部服务市场的发育程度	-0.021	-0.027	-0.009	-0.013
川东北经济区	0.057	0.074	0.064	0.087
川南经济区	-0.054	-0.070	-0.052	-0.071
常数项	-4.282***		-4.469***	
样本量	524		375	
Wald chi^2	2 351.68		1 706.79	
Prob>chi^2	0.000		0.000	
Pseudo R^2	0.502		0.489	
Log likelihood	-456.281		-335.285	

注：*、**、***分别表示在10%、5%、1%的水平上显著。

表6-2的结果显示，泊松回归模型的 Log likelihood 为-456.281，Pseudo R^2 为0.502，而 Wald chi^2 为2 351.68，且通过1%水平上的显著性检验，表明社员服务利用宽度影响因素这个模型拟合得比较好，社员个体特征、合作社服务特征对社员服务利用宽度具有潜在的影响。下面将对结果进行详细阐释：

（1）社员个体特征对其服务利用宽度的影响。服务需求通过5%水平上的显著性检验，边际系数为0.121，表明社员对合作社服务的需求越大，其利用合作社服务的可能性越高，且社员对合作社服务的需求每增加一个单位，其对合作社服务的利用宽度平均增加0.121。邻居是否利用通过1%水平上的显著性检验，边际系数为1.215，表明邻居利用合作社服务有助于引导社员自身利用，且邻居利用合作社服务的比例每增加一个单位，社员自身对合作社服务的利用宽度平均增加 1.215，同样证明了邻里示范对促进社员服务利用的重要意义（Ito et al., 2012；Ma et al., 2016）。年龄、受教育程度与对合作社的了解程度均没有通过 10% 水平上的显著性检验。

（2）合作社服务特征对社员服务利用宽度的影响。服务宽度通过 10% 水平上的显著性检验，边际系数为 -0.079，表明合作社服务宽度越大，社员对合作社服务的利用宽度越小，且合作社服务宽度每增加一个单位，社员对合作社服务的利用宽度平均减少 0.079。服务质量满意度通过 1% 水平上的显著性检验，边际系数为 0.512，表明服务质量满意度越高，社员对合作社服务的利用宽度越大，且合作社服务质量每增加一个单位，社员对合作社服务的利用宽度平均增加 0.512；同理，合作社服务便捷度每增加一个单位，社员对合作社服务的利用宽度平均增加 0.809。可见，提高社员服务利用宽度的关键在于合作社服务供给的质量和便捷度，而不是合作社提供的服务宽度。

家庭经营特征、合作社基本特征和外部环境特征相关变量均没有通过 10% 水平上的显著性检验，表明其对用宽度没有显著影响。

综上所述，社员服务利用宽度一方面受到社员自身服务需求的影响，另一方面受到合作社服务供给的宽度、质量和便捷度的影响。

6.3.2 利用深度影响因素的模型回归结果分析

本节采用 Double-Hurdle 模型实证考察社员销售服务利用深度的影响因素。在正式进行回归分析之前，先对自变量间的多重共线性进行检验。结果表明（见表 6-3），各自变量方差膨胀因子（VIF）的均值为 1.25，最大值为 1.44，没有满足 "VIF 的均值大于 1 且最大值大于 10" 这一条件，表明模型不存在显著的多重共线性（胡博，2013），在此基础上，运用 Stata15.0 统计分析软件进行模型估计。

表 6-3　多重共线性检验结果

变量	VIF	1/VIF
年龄	1.42	0.70
受教育程度	1.44	0.70
对合作社的了解程度	1.28	0.78

表6-3(续)

变量	VIF	1/VIF
邻居是否为社员	1.11	0.90
劳动力	1.09	0.92
种植面积	1.38	0.73
种植年限	1.35	0.74
柑橘收入占比	1.34	0.75
合作社的示范等级	1.19	0.84
社员大会的表决方式	1.19	0.84
是否按交易量/股份分配盈余	1.09	0.91
溢价能力	1.11	0.90
服务便捷度	1.22	0.82
外部服务市场的发育程度	1.11	0.90
川东北经济区	1.36	0.73
川南经济区	1.36	0.74
Mean VIF	1.25	—

Double-Hurdle 模型估计结果显示，Wald chi^2 值为 343.073，Loglikehood 值为-50.319，且经过1%水平上的显著性检验，表明模型整体比较显著，估计结果详见表6-4。

表6-4 合作社销售服务利用深度的影响因素回归分析结果

自变量	决策模型		深度模型	
	系数	Z 值	系数	Z 值
年龄	0.006	0.590	-0.001	-0.671
受教育程度	0.008	0.289	0.004	1.161
对合作社的了解程度	-0.022	-0.268	0.034 ***	3.303
邻居是否为社员	0.683 **	2.467	0.005	0.109
劳动力	-0.160	-1.512	0.001	0.083
种植面积	-0.015	-0.732	0.016 ***	6.295
种植年限	-0.008	-0.797	-0.001	-0.536

表6-4(续)

自变量	决策模型		深度模型	
	系数	Z值	系数	Z值
柑橘收入占比	0.002	0.638	0.000	0.299
合作社的示范等级	−0.015	−0.213	0.012	1.301
社员大会的表决方式	0.004	0.020	0.027	1.103
是否按交易量/股份分配盈余	−0.141	−0.788	0.051**	2.358
溢价能力	0.859***	7.417	0.029**	2.188
服务便捷度	0.711***	7.425	0.051***	3.478
外部服务市场的发育程度	−0.101	−0.864	−0.005	−0.311
川东北经济区	0.634**	2.153	−0.035	−0.995
川南经济区	0.199	0.906	−0.026	−0.945
常数项	−5.800	−5.916	0.003	0.021
总样本				
Log likehood			−50.319***	
Wald chi^2			343.073***	

注：**、***分别表示在5%、1%的水平上显著。

由前文可知，Double-Hurdle模型由两个Hurdle模型构成，第一个Hurdle模型是社员决策是否利用合作社销售服务，即决策模型，对应的是表6-4的左半部分；第二个Hurdle模型对应的是社员决策对合作社销售服务的利用深度，即深度模型，对应的是表6-4的右半部分。具体来看：

（1）社员个体特征的影响。

对合作社的了解程度在深度模型中通过1%水平上的显著性检验，且系数均为正，表明对合作社的了解程度越高，社员销售服务利用深度越高，与Ito等（2012）的研究结论一致。因为对合作社越了解，越能认识到合作社销售服务的优势，有利于帮助自身做出合理的经济抉择。因此，在引导社员利用合作社销售服务时，要注重对合作社的宣传，增进社员对合作社的了解。

邻居是否为社员在决策模型中通过5%水平上的显著性检验，且系数均为正，表明邻居为社员，其自身利用合作社进行销售的可能性较大。因为中国农村社会具有"熟人社会"以及"半熟人社会"的典型特征，亲友之间的影响力很强（姚瑞卿 等，2015），个体行为受到邻里或者群体行为的潜在影响，与朋文欢、傅琳琳（2018）的研究结论一致。但是，邻居是否为社员未在深度模型中通过10%水平上的显著性检验。

（2）家庭经营特征的影响。种植面积在深度模型中通过1%水平上的显著性检验，且系数为正，表明种植面积越大，社员销售服务利用深度可能越高。这在一定程度上回应了马旺林等（2017）的研究结论，由于经营面积越大，柑橘销售的价格风险越大，则社员对销售服务的需求越大，因此青睐相对稳定的销售渠道，比如合作社等。

（3）合作社基本特征的影响。盈余分配方式在深度模型中通过5%水平上的显著性检验，且系数为正，表明盈余按照交易量/股份分配的合作社社员，其销售服务利用深度可能越高。因为如果合作社按交易量/股份分配盈余，社员获得的潜在收益较高，作为一个理性的人，自然会增加利用合作社销售的比例。因此，分配制度对社员销售服务利用深度具有重要的影响。进一步回应了Bijman等（2013）的研究结论，社员对合作社销售服务的利用取决于合作社的交易治理机制。

（4）合作社服务特征的影响。溢价能力在决策模型和深度模型中分别通过1%和5%水平上的显著性检验，系数均为正，表明溢价能力越强，社员利用合作社销售服务的可能性越大，且社员利用合作社销售柑橘的比例越高。因为溢价能力是衡量合作社销售服务质量的关键指标，有利于提高社员的福利。作为一个理性的"经济人"，合作社的溢价能力越强，其自然越倾向于利用合作社进行销售，且会提高利用合作社进行销售的产量，回应了徐志刚等（2017）的研究结论。

服务便捷度在决策模型和深度模型中均通过1%水平上的显著性检验，系数均为正，表明服务便捷度越高，社员利用合作社进行销售的可能性越大，且社员利用合作社销售柑橘的比例越高。因为服务便捷度越高，社员越能够方便快捷地利用合作社的销售服务，有利于降低交易成本，间接提高社员的福利（彭斯、陈玉萍，2022）。

（5）外部环境特征的影响。川东北经济区在决策模型中通过5%水平上的显著性检验，且系数均为正，表明相对于成都平原经济区的社员，川东北经济区的社员利用合作社销售柑橘的可能性较大。但是，川东北经济区没有在深度模型中通过10%水平上的显著性检验，这在一定程度上回应了（Wadsworth，1991）的研究结论。可见，要注重合作社服务供给的地区差异，有待进一步总结提炼川东北经济区合作社销售服务的经验，积极做好宣传与推广工作。

6.4 稳健性分析

6.4.1 利用宽度影响因素的稳健性分析

本节旨在考察社员服务利用宽度的影响因素。为了检验模型Ⅰ的稳健性，本节仅对男性社员样本（$N=375$）进行泊松回归，即模型Ⅱ。需要进一步强调的是，为了消除潜在的异方差，模型Ⅱ亦采用了robust稳健性估计，同时也计算出各变量的平均边际效应，稳健性检验结果见表6-2的右半部分。

结果表明，模型Ⅱ与模型Ⅰ相比，各自变量的系数大小、显著性等都比较相近，表明上述实证结果较为稳健。

6.4.2 利用深度影响因素的稳健性分析

考虑到70岁以上的社员受传统自产自销模式的影响比较大，因而年龄可能对社员销售服务利用深度存在潜在的影响。因此，为了检验模型结果的稳健性，本节仅对年龄在70岁以下的社员样本采用双栏模型进行估计，稳健性检验结果见表6-5。

表6-5　社员销售服务利用深度影响因素的稳健性检验结果

自变量	决策模型		深度模型	
	系数	Z 值	系数	Z 值
年龄	0.005	0.425	0.000	-0.076
受教育程度	0.010	0.327	0.006	1.581
对合作社的了解程度	-0.030	-0.341	0.027 **	2.340
邻居是否为社员	0.642 **	2.159	0.009	0.204
劳动力	-0.172	-1.574	0.003	0.253
种植面积	-0.021	-0.944	0.015 **	5.981

表6-5(续)

自变量	决策模型		深度模型	
	系数	Z 值	系数	Z 值
种植年限	−0.007	−0.613	0.000	−0.230
柑橘收入占比	0.001	0.406	0.000	0.565
合作社的示范等级	0.013	0.177	0.012	1.355
社员大会的表决方式	−0.030	−0.154	0.021	0.874
是否按交易量/股份分配盈余	−0.242	−1.283	0.045**	2.062
溢价能力	0.855***	6.979	0.025*	1.708
服务便捷度	0.725***	7.026	0.056***	3.581
外部服务市场的发育程度	−0.066	−0.545	0.002	0.109
川东北经济区	0.674**	2.068	−0.015	−0.394
川南经济区	0.205	0.905	−0.027	−0.992
常数项	−5.772	−5.391	−0.068	−0.491
Loglikehood				
Wald chi^2				

注：*、**、***分别表示在10%、5%、1%的水平上显著。

稳健性检验结果显示，Wald chi^2 值为 302.645，Loglikehood 值为 −44.613，且经过1%水平上的显著性检验，表明模型整体比较显著。对比表6-5和表6-4，各自变量估计结果的系数及显著性差异不大，表明主模型的分析结果比较稳健。

6.5　小结

本章从横向维度和纵向维度出发，深入考察社员对合作社服务的利用程度。具体而言，利用四川省柑橘大县（市、区）的74个柑橘合作社和524个柑橘社员的微观调研数据，采用泊松模型实证考察社员服务利用宽度的影响因素，并以销售服务为例，采用 Double-Hurdle 模型考察社员服务利用深度的影响因素。研究结论如下：

（1）社员服务利用宽度受到社员个体特征和合作社服务特征的潜在影响。其中，服务需求、邻居是否利用、服务质量满意度和服务便捷度能够显著提升社员对合作社服务的利用宽度，而合作社服务宽度会显著抑制社员对合作社服务的利用宽度。进一步来看，邻居是否利用、服务便捷度、服务质量满意度和服务需求的边际影响较大。

（2）邻居是否为社员、溢价能力、服务便捷度和川东北经济区会显著促进社员对合作社销售服务的利用，而对合作社的了解程度、种植面积、按交易量/股份分配盈余、溢价能力和服务便捷度会显著提升社员对合作社销售服务的利用深度。

7 服务利用对社员福利的影响分析

农业生产性服务是小农户对接大市场的有效路径（Labarthe et al.，2013；Yitayew et al.，2021；Girma et al.，2022）。合作社因为制度、数量和服务等优势（苑鹏，2011；赵黎，2019；Fernando et al.，2021），成为农业生产性服务的重要供给主体。但在中国合作社数量蓬勃增长的同时，合作社的发展质量却备受质疑，如"泛化"（马彦丽，2013）、"异化"（徐旭初、吴彬，2017）、"空壳社"（苑鹏 等，2019）和"内卷化"（樊红敏，2011）等现象。那么，合作社究竟还能否提高社员的福利，在中国引起学术界、实业界和政界的广泛关注。服务是合作社的本质属性（黄祖辉、邵科，2009；Hellin et al.，2009），而合作社功能发挥的关键在于社员对其服务的利用（Fulton，1999；Liu et al.，2022）。因此，考察服务利用对社员福利的影响，对科学评价当前中国合作社价值，进而客观回应合作社发展质疑，具有重要的理论和现实意义。

基于可行能力福利理论，社员福利可以通过主观福利和客观福利两个维度来进行考察。具体而言，主观福利用社员满意度来表征，而社员客观福利主要从社员柑橘产量、净收益以及家庭收入三个层面进行刻画。因此，本章利用四川省柑橘大县（市、区）的 74 个柑橘合作社和 524 个社员的微观调研数据，采用有序 Probit 模型深入分析服务利用对社员满意度的影响，采用内生转换模型分别考察服务利用对柑橘产量、净收益以及家庭收入的影响。

7.1 研究假设

众多学者考察了加入合作社对社员福利的影响，如马旺林等（2016）研究发现，合作社成员的身份能够显著提升苹果产量、农场净收益和家庭收入。Mojo 等（2017）的研究结果表明，成员资格与家庭收入正相关，加入合作社的收入显著高于他们不加入合作社时的收入，非社员如果加入合作社，他们的收入将会更高。Kumar 等（2018）指出，加入合作社能够使奶农的牛奶产量提高 40%，净收益提高 30%。Bachke（2019）认为，加入合作社能够显著提升农业产量和总收入值。可见，加入合作社能够促进社员福利的提升。

然而，农户加入合作社成为社员后并不一定会利用合作社服务（任大鹏 等，2012；王鹏、霍学喜，2012），而合作社功能发挥的关键在于社员对合作社服务的积极利用（蔡荣、易小兰，2017）。因此，如果直接考察加入合作社对社员福利的影响，可能会高估合作社的功能与价值。此外，合作社"泛化""异化"和"空壳社"等现象会给社员福利带来一定的消极影响（马彦丽，2013；徐旭初、吴彬，2017；苑鹏 等，2019），因此，服务利用对社员福利的影响方向不确定。为方便研究，本章提出以下四个假设。

假设 1：服务利用能够促进社员满意度的提升。

假设 2：服务利用能够促进社员的柑橘产量的提升。

假设 3：服务利用能够促进社员的柑橘净收益的提升。

假设 4：服务利用能够促进社员家庭收入的提升。

本章后续部分将分别对上述四个假设进行检验。此外，社员个体特征（何国平、刘殿国，2016；刘俊文，2017）、家庭经营特征（胡联，2014；Ma et al.，2016）、合作社基本特征（刘杰 等，2021；郑风田 等，2021）和外部环境特征（孙艳华 等，2007；陈雪婷 等，2020）也会给社员福利带来潜在的影响。本章将其设置为控制变量。

7.2 模型设定

7.2.1 服务利用对社员主观福利影响的模型设定

（1）基础模型设定。本节的自变量为服务利用，因变量为社员主观福利，具体使用"社员满意度"来表征，取值为 1、2、3、4、5，即表现为含 5 个层级的有序分类离散变量，而有序 Probit 模型正是研究此类问题的经典方法（李明慧、陈盛伟，2017；房引宁 等，2017；朱欢、王鑫，

2019)。因此，本章采用有序 Probit 模型实证分析服务利用对社员满意度的影响。有序 Probit 模型的基础模型设定如下：

$$Y^* = \beta_i X_i + \varepsilon \qquad (7-1)$$

上式中，Y^* 为潜变量，表示样本社员满意度的不同层级，取值为 1、2、3、4、5。X_i 是影响社员满意度的潜在因素，包含社员个体特征、家庭经营特征、合作社基本特征以及外部环境特征等变量，为实际观测值。其中，服务利用 X_1 为核心自变量，其余为控制变量。β_i 为参数估计系数，ε 为残差项，且 $\varepsilon \sim N(0, 1)$。构建如下选择模型：

$$\begin{cases} Y^* = 1, \ \text{if} \ Y^* \leq \lambda_1 \\ Y^* = 2, \ \text{if} \ \lambda_1 < Y^* \leq \lambda_2 \\ Y^* = 3, \ \text{if} \ \lambda_2 < Y^* \leq \lambda_3 \\ Y^* = 4, \ \text{if} \ \lambda_3 < Y^* \leq \lambda_4 \\ Y^* = 5, \ \text{if} \ \lambda_4 < Y^* \leq \lambda_5 \end{cases} \qquad (7-2)$$

上式中，λ_j（$j=1$、2、3、4、5）代表临界切点值，且满足 $\lambda_1 < \lambda_2 < \lambda_3 < \lambda_4 < \lambda_5$，则

$$\begin{cases} \text{Prob} = (Y^*=1 \mid X_i) = \text{Prob} (Y^* \leq \lambda_1 \mid X_i) = \text{Prob} (\beta_i X_i \leq \lambda_1 \mid X_i) = \varphi (\lambda_1 - \beta_i X_i) \\ \text{Prob} = (Y^*=2 \mid X_i) = \text{Prob} (\lambda_1 < Y^* \leq \lambda_2 \mid X_i) = \varphi (\lambda_2 - \beta_i X_i) - \varphi (\lambda_1 - \beta_i X_i) \\ \text{Prob} = (Y^*=3 \mid X_i) = \text{Prob} (\lambda_2 < Y^* \leq \lambda_3 \mid X_i) = \varphi (\lambda_3 - \beta_i X_i) - \varphi (\lambda_2 - \beta_i X_i) \\ \text{Prob} = (Y^*=4 \mid X_i) = \text{Prob} (\lambda_3 < Y^* \leq \lambda_4 \mid X_i) = \varphi (\lambda_4 - \beta_i X_i) - \varphi (\lambda_3 - \beta_i X_i) \\ \text{Prob} = (Y^*=5 \mid X_i) = \text{Prob} (\lambda_4 < Y^* \leq \lambda_5 \mid X_i) = \varphi (\lambda_5 - \beta_i X_i) - \varphi (\lambda_4 - \beta_i X_i) \end{cases}$$

$$(7-3)$$

上式中，φ 为标准正态累计分布函数。

（2）Ⅳ-Oprobit 模型两步估计。

服务利用和社员满意度可能互为因果，这会导致上述基础模型产生潜在的内生性问题。本书关注的是服务利用是否会对社员满意度产生影响，但社员满意度反过来也可能会影响社员服务利用，即社员满意度越高，社员的获得感越强，其利用合作社服务的积极性越高。可见，社员服务利用决策并不是随机发生的，而是一种自选择行为，故直接采用基准模型进行回归难以得出一致的估计量。

为了解决内生性问题，借鉴相关学者的研究，本节引入工具变量加以估计（连玉君 等，2015；胡原、曾维忠，2020）。工具变量选择有两个基

准条件，一个是其与内生解释变量要高度相关，另一个是其不能与残差项相关。基于此，本部分选择邻居是否利用作为工具变量。因为中国是一个"熟人社会"，邻里之间的行为通常会相互模仿，故邻居是否利用会对社员服务利用决策带来潜在影响，即满足工具变量的第一个条件。然而，由于小农之间的经济独立性（徐光顺 等，2018），邻居的服务利用决策通常不会对自身的社员满意度带来直接影响，因而满足了工具变量的第二个条件。在此基础上，我们进行 Anderson Rubin Wald 检验和 FAR 检验，进而验证了本章的工具变量是合适的。

在估计方法上，本节借鉴 Hecman（1977）的两步法进行参数估计。具体而言，第一步，将内生解释变量利用决策 X_1 对所有的外生解释变量和工具变量做 Probit 回归，进而得到潜变量服务利用（X_1^*）的拟合值 X_1 hat*，即

$$X_{1i}^* = aC_i + bD_{i+}\mu_i \tag{7-4}$$

$$X_{1i} = \begin{cases} 0, & X_{1i}^* < 0 \\ 0, & X_{1i}^* \geq 0 \end{cases} \tag{7-5}$$

$$X_1 \text{hat}^* = aC_i + bD_i \tag{7-6}$$

上式中，C_i 是工具变量向量，D_i 是与基准模型一样的控制变量。

第二步，将 Y_i 对 X_1hat*、μ_i 以及外生解释变量作 Oprobit 回归，从而得到 λ_* 的一致估计，即

$$Y_i = \lambda^* X_1 \text{hat}^* + \theta D_i + \xi_i \tag{7-7}$$

7.2.2 服务利用对社员客观福利影响的模型设定

（1）内生转换模型。

借鉴随机效用决策模型（苏岚岚、孔荣，2020；Becerril et al.，2010），社员服务利用决策取决于社员利用合作社服务的效用（U_{1i}）和社员不利用合作社服务的效用（U_{0i}）的差值，即如果 $U_i^* = U_{1i} - U_{0i} > 0$，则社员利用合作社服务，否则社员不利用合作社服务，故本节将社员服务利用的决策方程定义为

$$U_i^* = \Phi(Z_i) + Z\mu_i，若 U_i^* > 0，则 U_i = 1，否则 U_i = 0 \tag{7-8}$$

上式中，U_i^* 是潜变量，$U_i = 1$ 代表社员利用合作社服务，而 $U_i = 0$ 代表社员不利用合作社服务，Z_i 是外生自变量向量，包含社员个体特征、家庭经营

特征、合作社基本特征和外部环境特征等变量。

　　本章旨在考察服务利用对社员客观福利的影响，而客观福利使用柑橘产量、净收益以及家庭收入来刻画。借鉴明瑟收入方程（Mincer et al., 1974）构建以下社员客观福利模型：

$$Y_i = X_i \beta_i + \delta U_i + \varepsilon_i \qquad (7-9)$$

上式中，因变量 Y_i 为社员客观福利，具体使用柑橘产量、净收益以及家庭收入来刻画，X_i 是控制变量，包含社员个体特征、家庭经营特征、合作社基本特征以及外部环境特征等。此处需要强调的是，为了增强模型的可识别度，决策方程式（7-8）中的自变量（X_i）至少有 1 个不在社员客观福利结果方程式（7-9）的自变量（Z_i）中，即工具变量；U_i 代表社员 i 是否利用合作社服务的行为决策，ε_i 是随机扰动项。鉴于社员是否利用合作社服务的行为决策（U_i）可能受到某些不可观测因素的影响，而这些不可观测因素同时又会影响社员客观福利（Y_i），进而导致 U_i 与 ε_i 相关。若直接估计式（7-8）和式（7-9），由于样本自选择问题的存在，则估计结果可能有偏。

　　进一步来看，利用合作社服务和未利用合作社服务的社员所对应的客观福利模型分别为

$$Y_{iu} = X_{iu} \beta_{iu} + \sigma_{\mu u} \lambda_{iu} + \varepsilon_{iu}, \quad \text{if} \quad U_i = 1 \qquad (7-10)$$

$$Y_{in} = X_{in} \beta_{in} + \sigma_{\mu n} \lambda_{in} + \varepsilon_{in}, \quad \text{if} \quad U_i = 0 \qquad (7-11)$$

上式中，Y_{iu} 和 Y_{in} 分别代表利用合作社服务的社员和未利用合作社服务的社员所对应的客观福利；X_{iu} 和 X_{in} 代表两类社员经济福利的影响因素；ε_{iu} 和 ε_{in} 为随机扰动项。为了解决样本选择偏差问题，特引入逆米尔斯比率 λ_{iu} 和 λ_{in} 以及协方差 $\sigma_{\mu u} = \text{cov}(\mu_i, \varepsilon_{iu})$ 和 $\sigma_{\mu n} = \text{cov}(\mu_i, \varepsilon_{in})$，使用极大似然估计法对式（7-10）和式（7-11）进行联合估计。

　　需要解释说明的是，$\sigma_{\mu u}$ 和 $\sigma_{\mu n}$ 具有一定的经济含义。其一，若二者皆为 0，则直接选择外生模型即可；若二者不为 0，且通过一定水平的显著性检验，则表明社员服务利用决策并不是随机的，存在由不可观测因素产生的样本选择偏差问题，因而只有同时考察可观测变量和不可观测变量时才能获得一致有效的估计结果。其二，$\sigma_{\mu u}$ 和 $\sigma_{\mu n}$ 的正负不同表明服务利用决策主要是基于社员自身的比较优势而定的。具体而言，如果 $\sigma_{\mu u} > 0$，$\sigma_{\mu n} > 0$，表明偏差对利用了合作社服务的社员为正强化，而对未利用合作社服务的社员为负强化；如果 $\sigma_{\mu u} < 0$，$\sigma_{\mu n} < 0$，表明偏差对利用了合作社服务的社员

为负强化，而对未利用合作社服务的社员为正强化；如果 $\sigma_{\mu u} > 0$，$\sigma_{\mu n} < 0$，表明偏差对利用合作社服务和未利用合作社服务的社员都是双向强化；如果 $\sigma_{\mu u} < 0$，$\sigma_{\mu n} > 0$，表明偏差对利用合作社服务和未利用合作社服务的社员都为负强化。其三，若 $\sigma_{\mu u} > 0$，表明存在负的选择偏差，即经济福利高于平均水平的社员更倾向于利用合作社服务；若 $\sigma_{\mu u} < 0$，表明存在正的选择偏差，即经济福利低于平均水平的社员更倾向于利用合作社服务。

综上所述，需要考察社员客观福利方程的常数项、$\sigma_{\mu u}$ 的取值及显著性。其一，若常数项通过显著性检验并且取值为正，则利用了合作社服务的社员的客观福利的期望值更大，说明服务利用有利于社员客观福利的提升；其二，若 $\sigma_{\mu u}$ 通过显著性检验，说明模型存在选择性偏差，经典的 OLS 回归不能得到有效估计；其三，若 $\sigma_{\mu u} < 0$，说明利用合作社服务的社员如果选择不利用，其客观福利水平将会降低。

（2）平均处理效应的估计方法。

通过对比现实条件和虚拟情境下利用合作社服务与未利用合作社服务的社员的客观福利期望值，从而得出服务利用对社员客观福利影响的平均处理效应。

利用合作社服务的社员的客观福利期望值为

$$E[Y_{iu} \mid U_i = 1] = X_{iu}\beta_u + \sigma_{\mu u}\lambda_{iu} \qquad (7-12)$$

未利用合作社服务的社员的客观福利期望值为

$$E[Y_{in} \mid U_i = 0] = X_{in}\beta_n + \sigma_{\mu n}\lambda_{in} \qquad (7-13)$$

在反事实情形下，利用合作社服务的社员在不利用合作社服务的情况下的客观福利期望值为

$$E[Y_{in} \mid U_i = 1] = X_{iu}\beta_n + \sigma_{\mu n}\lambda_{iu} \qquad (7-14)$$

同理，未利用合作社服务的社员在利用合作社服务的情况下的客观福利期望值为

$$E[Y_{iu} \mid U_i = 0] = X_{in}\beta_u + \sigma_{\mu u}\lambda_{in} \qquad (7-15)$$

通过式（7-12）和式（7-14）两式之差，得到利用合作社服务的社员的平均处理效应（average treatment effect of treated，ATT）为

$$\mathrm{ATT} = E[Y_{iu} \mid U_i = 1] - E[Y_{in} \mid U_i = 1] = X_{iu}(\beta_u - \beta_n) + \lambda_{iu}(\sigma_{\mu u} - \sigma_{\mu n})$$

$$(7-16)$$

同理，未利用合作社服务的社员的平均处理效应（average treatment effect of untreated，ATU）为

$$ATU = E\left[Y_{in} \mid U_i = 0\right] - E\left[Y_{iu} \mid U_i = 0\right] = X_{in}(\beta_u - \beta_n) + \lambda_{in}(\sigma_{\mu u} - \sigma_{\mu n})$$

$$(7\text{-}17)$$

进一步而言，通过对 ATT 与 ATU 进行加权平均，还可以得到服务利用对任何一个随机社员的平均处理效应（average treatment effect，ATE）。

因此，可以分别计算得出处理组、对照组以及全样本的服务利用对社员客观福利影响的平均处理效应，即 ATT、ATU、ATE。由于 ATU 与 ATE 关注了未受到干预影响的样本的效应，其估计结果对干预评估的意义不大，因而最重要的是 ATT（Heckman et al., 1998；李长生、刘西川，2020）。故本章聚焦 ATT 来考察服务利用对社员客观福利的影响。

7.3 数据来源与变量设置

7.3.1 数据来源

本节所使用的数据来自笔者对四川省柑橘大县（市、区）的 74 个柑橘合作社和 524 个柑橘社员的微观调研数据，数据的具体获取情况和样本的基本特征详见第 3 章，此处不再赘述。

7.3.2 变量定义与描述性统计

本节旨在探讨服务利用对社员主观福利和客观福利的影响，而主观福利具体用社员满意度来刻画，客观福利具体使用社员柑橘产量、净收益以及家庭收入来表征，核心自变量为服务利用。基于前文理论分析，社员福利除受本书关注的核心自变量利用决策的潜在影响外，还可能会受到社员个体特征、家庭经营特征、合作社基本特征以及外部环境特征等的影响。本节将其作为控制变量加以处理。变量描述性统计见表 7-1。

表 7-1　变量描述性统计

变量	变量定义	平均值	标准差
因变量			
社员满意度	社员对合作社服务的总体满意度，5 分类变量，1~5 依次递增	3.158	0.972

表7-1(续)

变量	变量定义	平均值	标准差
亩均产量	柑橘总产量除以柑橘面积/（千克·亩）	1 998.874	566.765
净收益	柑橘总收入减去总成本/（万元·亩）	0.653	0.327
家庭收入	家庭年收入除以总人数/（万元·人）	2.451	1.575
核心自变量			
服务利用	1=利用，0=未利用	0.500	0.500
控制变量			
社员个体特征			
年龄	实际数值/岁	55.269	9.931
健康状况	5分类变量，1~5依次递增	3.933	0.788
受教育程度	实际受教育年限/年	7.435	3.553
是否有特殊经历	1=有党员或者村干部经历，0=无	0.170	0.376
是否使用智能手机	1=利用，2=未利用	0.739	0.440
对合作社的了解程度	5分类变量，1~5依次递增	3.015	1.144
家庭经营特征			
家庭人口	实际人数/个	4.160	1.676
柑橘种植面积	实际数值/亩	6.137	4.822
种植时间	实际年限/年	13.008	9.833
销售风险	5分类变量，1~5依次递增	0.393	0.489
柑橘收入占比	柑橘收入除以家庭年收入/%	62.389	31.226
合作社基本特征			
合作社的示范等级	1=非示范，2=县级，3=市级，4=省级，5=国家级	2.212	1.314
社员大会的表决方式	"一人一票"=1，其他=0	0.653	0.477
是否按交易量/股份分配盈余	是=1，0=否	0.456	0.499
外部环境特征			

表7-1(续)

变量	变量定义	平均值	标准差
外部服务市场的发育水平	5分类变量，1~5依次递增	3.292	0.750
经济区划	1=成都平原经济区，2=川东北经济区，3=川南经济区	1.590	0.856

借鉴相关学者的研究成果，社员个体特征用年龄、健康状况、受教育程度、是否具有特殊经历、是否使用智能手机和对合作社的了解程度等来刻画（肖友利，2013；张连刚、柳娥，2015；刘晓倩、韩青，2018；崔彩贤 等，2020）；家庭经营特征用家庭人口、种植时间、柑橘 种植面积、柑橘收入占比和销售风险等来表征（孙艳华 等，2007；郭红东、陈敏，2010；杨雪，2015）；合作社基本特征用合作社的示范等级、社员大会的表决方式和是否按交易量/股份分配盈余等来代替（肖友利、刘凤，2012；张超、吴春梅，2015；韦惠兰、赵龙，2017；韩旭东 等，2020）；外部环境特征包括外部服务市场的发育水平（陈雪婷 等，2020）和社员所处的经济区划（廖媛红，2012）。各变量的组间均值差异见表7-2。

表7-2 各变量的组间均值差异

变量	未利用社员		利用社员		组间差异	
	均值	标准误	均值	标准误	均值	标准误
因变量						
社员满意度	2.595	0.055	3.721	0.042	1.126***	0.069
亩均产量	1 882.462	35.738	2 115.286	32.799	232.824***	48.507
净收益	0.580	0.019	0.709	0.021	0.111***	0.028
家庭收入	2.134	0.085	2.768	0.105	0.634***	0.135
自变量						
社员个体特征						
年龄	56.237	0.610	54.302	0.613	-1.935**	0.864
健康状况	3.874	0.047	3.992	0.050	0.118*	0.069
受教育程度	6.985	0.223	7.885	0.213	0.901***	0.308
是否有特殊经历	0.198	0.025	0.141	0.022	0.057*	0.033

表7-2（续）

变量	未利用社员		利用社员		组间差异	
	均值	标准误	均值	标准误	均值	标准误
是否使用智能手机	0.786	0.025	0.690	0.029	0.095**	0.038
对合作社的了解程度	2.798	0.070	3.233	0.069	0.435***	0.098
家庭经营特征						
家庭人口	4.130	0.109	4.191	0.097	4.160	0.073
柑橘种植面积	4.896	0.272	7.377	0.303	2.480***	0.407
种植时间	12.061	0.581	13.954	0.628	1.893**	0.856
销售风险	0.397	0.030	0.389	0.030	−0.008	0.043
柑橘收入占比	57.233	1.979	67.546	1.827	10.313***	2.693
合作社基本特征						
合作社的示范等级	2.206	0.081	2.212	0.082	0.011	0.115
社员大会的表决方式	0.656	0.029	0.649	0.030	0.008	0.042
是否按交易量/股份分配盈余	0.466	0.031	0.447	0.031	−0.019	0.044
外部环境特征						
外部服务市场的发育程度	3.302	0.047	3.282	0.046	−0.019**	0.066
川东北经济区	0.088	0.018	0.115	0.020	0.027	0.026
成都平原经济区	0.641	0.030	0.668	0.641	0.027	0.042
川南经济区	0.271	0.028	0.218	0.026	−0.053**	0.038

注：*、**、***分别表示在10%、5%、1%的水平上显著。

对比分析利用合作社服务和未利用合作社服务的两组社员，不难发现，二者在某些特征上呈现出显著的差异，主要表现在：相比于未利用合作社服务的社员，利用合作社服务的社员，其社员满意度、柑橘产量、净收益和家庭收入更高，初步表明服务利用能够促进社员福利的提升。本章后续部分将采用实证模型深入分析服务利用对社员福利的影响。

此外，对于利用合作社服务的社员而言，其年龄偏小，健康状况较好，受教育程度更高，越可能具有特殊经历，越可能使用智能手机，同时对合作社的了解程度较高，柑橘种植面积较大，种植时间较长，柑橘收入占比相对较高，外部服务市场的发育程度较低，详细数据见表7-2。

7.4 模型回归结果分析

7.4.1 服务利用对社员主观福利影响的结果分析

7.4.1.1 模型回归结果基本分析

本节采用有序Probit模型实证分析服务利用对社员满意度的影响。在进行有序Probit模型分析之前，首先对自变量间的多重共线性进行检验。结果显示，自变量VIF的均值为1.31，最大值为1.66，没有满足"VIF的均值大于1且最大值大于10"这一条件，表明模型不存在显著的多重共线性（胡博，2013），详见表7-3。其次，本节运用Stata15.0计量分析软件实证检验服务利用对社员满意度的影响。需要补充说明的是，为了矫正潜在的异方差问题，模型估计时采用了Robust稳健性估计。

表7-3 自变量多重共线性检验结果

自变量	VIF	1/VIF
利用决策	1.11	0.90
年龄	1.66	0.60
受教育程度	1.60	0.62
是否有特殊经历	1.27	0.79
是否使用智能手机	1.45	0.69
对合作社的了解程度	1.35	0.74
家庭人口	1.16	0.86
柑橘种植面积	1.45	0.69
种植时间	1.36	0.74
销售风险	1.06	0.94
柑橘收入占比	1.4	0.72
合作社的示范等级	1.18	0.85

表7-3(续)

自变量	VIF	1/VIF
社员大会的表决方式	1.25	0.80
是否按交易量/股份分配盈余	1.10	0.91
外部服务市场的发育水平	1.12	0.90
川东北经济区	1.38	0.73
川南经济区	1.38	0.72
Mean VIF	1.31	—

模型Ⅰ、模型Ⅱ分别对应仅加入控制变量和同时加入控制变量与核心变量时所进行的有序 Probit 回归分析。结果显示，模型Ⅰ和模型Ⅱ所对应的 Log pseudolikelihood 分别为 -693.814 和 -600.521，Wald chi^2 分别为 45.30、225.61，且均通过1%水平上的显著性检验，表明两个模型拟合得都相对比较理想，详细见表7-4。

表7-4 服务利用对社员满意度影响的回归结果

自变量	模型Ⅰ		模型Ⅱ	
	系数	标准误	系数	标准误
利用决策	—	—	1.504***	0.114
年龄	-0.005	0.007	-0.005	0.006
受教育程度	-0.014	0.016	-0.020	0.016
是否有特殊经历	0.055	0.143	0.085	0.145
是否使用智能手机	0.086	0.115	0.069	0.118
对合作社的了解程度	0.173***	0.047	0.129***	0.047
家庭人口	-0.003	0.029	0.002	0.030
柑橘种植面积	0.041	0.012	0.018	0.012
种植时间	0.002	0.005	-0.002	0.006
销售风险	-0.042	0.094	-0.117	0.099
柑橘收入占比	0.000	0.002	-0.002	0.002
合作社的示范等级	-0.038	0.038	-0.028	0.040
社员大会的表决方式	0.075	0.107	0.128	0.107

表7-4(续)

自变量	模型 I		模型 II	
	系数	标准误	系数	标准误
是否按交易量/股份分配盈余	0.130	0.097	0.147	0.099
外部服务市场的发育水平	−0.022	0.065	−0.012	0.065
川东北经济区	0.230	0.167	−0.038	0.173
川南经济区	0.230*	0.133	0.215	0.132
Wald chi^2	45.30***		225.61***	
Pseudo R^2	0.032		0.130	
Log pseudolikelihood	−693.814		−600.521	

注：*、**、***分别表示在10%、5%、1%的水平上显著。

在模型 I 中，对合作社的了解程度通过 1% 水平上的显著性检验，且系数为正，表明对合作社的了解程度越高，社员满意度越高。可见，合作社的宣传工作至关重要，良好的宣传有利于增进社员对合作社的了解，进而提升社员满意度。川南经济区通过 10% 水平上的显著性检验，且系数为正，表明相对于成都平原经济区，川南经济区的社员满意度普遍较高。

在模型 II 中，加入核心自变量利用决策后，模型的 Pseudo R^2 从 0.032 上升到 0.130，Log pseudolikelihood 从 −693.814 上升至 −600.521，表明模型 II 拟合得更优。进一步来看，利用决策通过 1% 水平上的显著性检验，且系数为正，表明相对于未利用合作社服务的社员，利用合作社服务的社员，其社员满意度更高，因而本章提出的假设 1 得到验证，即服务利用能够促进社员满意度的提升。

此外，在控制变量中，对合作社的了解程度通过 1% 水平上的显著性检验，且系数为正，表明对合作社的了解程度越高，社员满意度越高。

7.4.1.2 稳健性分析

本节采用有序 Logit 模型实证检验服务利用对社员满意度的影响，也采用了 Robust 稳健性估计，结果见表7-5。其中，模型 III 对应的是仅加入控制变量的情形，模型 IV 对应的是同时加入核心变量和控制变量的情形。两个模型的 Log pseudolikelihood 分别为 −694.56 和 −600.849，两个模型的 Wald chi^2 分别为 39.13 和 119.01，且均通过 1% 水平上的显著性检验，表明两个模型拟合得都相对比较理想。

进一步研究发现，模型Ⅳ与模型Ⅱ相比，核心自变量利用决策的系数有所增大，显著性没有发生变化，控制变量亦没有发生明显变化，表明模型Ⅰ和模型Ⅱ的结果相对比较稳健，进一步验证了本章所提的假设1，即服务利用能够促进社员满意度的提升。

表 7-5　服务利用对社员满意度影响的稳健性估计结果

自变量	模型Ⅲ		模型Ⅳ	
	系数	标准误	系数	标准误
利用决策	—	—	2.649 ***	0.214
年龄	−0.011	0.012	−0.012	0.012
受教育程度	−0.021	0.029	−0.038	0.030
是否有特殊经历	−0.036	0.263	0.091	0.254
是否使用智能手机	0.106	0.203	0.123	0.211
对合作社的了解程度	0.300 ***	0.083	0.209 **	0.084
家庭人口	0.010	0.050	0.001	0.054
柑橘种植面积	0.070 ***	0.023	0.029	0.022
种植时间	0.001	0.009	−0.006	0.010
销售风险	−0.114	0.167	−0.281	0.178
柑橘收入占比	0.000	0.003	−0.004	0.003
合作社的示范等级	−0.063	0.066	−0.071	0.071
社员大会的表决方式	0.119	0.183	0.282	0.191
是否按交易量/股份分配盈余	0.248	0.171	0.271	0.182
外部服务市场的发育水平	−0.048	0.114	−0.045	0.116
川东北经济区	0.409	0.299	−0.061	0.307
川南经济区	0.362	0.238	0.404 *	0.240
Wald chi²	39.13 ***	119.01 ***		
Pseudo R^2	0.03	0.16		
Log pseudolikelihood	−694.56	−600.849		

注：* 、** 、*** 分别表示在10%、5%、1%的水平上显著。

7.4.1.3　内生性处理

Ⅳ-Oprobit 模型的估计结果见表 7-6。其中，第一阶段对应的是模型Ⅴ，第二阶段对应的是模型Ⅵ。

模型Ⅴ的结果表明，工具变量邻居是否利用通过 1% 水平上的显著性检验，且系数为正，表明邻居对合作社服务的利用有利于引导社员自身利用合作社服务。与前文预期一致，联合显著性检验 F 统计量大于 10，可知不存在弱工具变量问题。

模型Ⅵ的结果表明，服务利用预测值通过 1% 水平上的显著性检验，且系数为正，表明服务利用能够显著提升社员满意度。比较模型Ⅱ利用决策的系数（1.504），二者差距较小，表明模型Ⅱ的结果比较稳健。此外，对合作社的了解程度通过 5% 水平上的显著性检验，且系数为正，与模型Ⅱ中的系数大小也比较接近，表明对合作社的了解程度越深，社员满意度越高。

表 7-6　服务利用对社员满意度影响的Ⅳ-Oprobit 估计结果

自变量	模型Ⅴ		模型Ⅵ	
	系数	标准误	系数	标准误
利用决策预测值	—	—	1.400 ***	0.140
年龄	0.000	0.011	−0.005	0.007
受教育程度	−0.015	0.030	−0.017	0.016
是否有特殊经历	0.285	0.242	0.077	0.142
是否使用智能手机	0.385	0.238	0.064	0.119
对合作社的了解程度	0.135 *	0.075	0.118 **	0.048
家庭人口	0.040	0.056	0.002	0.029
柑橘种植面积	0.062 ***	0.019	0.015	0.012
种植时间	0.004	0.009	−0.002	0.006
销售风险	0.233	0.180	−0.107	0.099
柑橘收入占比	0.004	0.003	−0.002	0.002
合作社的示范等级	−0.004	0.075	−0.025	0.040
社员大会的表决方式	−0.224	0.190	0.124	0.105

表7-6(续)

自变量	模型 V		模型 VI	
	系数	标准误	系数	标准误
是否按交易量/股份分配盈余	0.358 **	0.177	0.136	0.099
外部服务市场的发育水平	0.013	0.108	−0.014	0.066
川东北经济区	0.625 **	0.284	−0.044	0.170
川南经济区	0.004	0.230	0.199	0.131
邻居是否利用	2.938 ***	0.179	—	—
常数项	−3.124 ***	0.945	—	—
Wald chi^2	320.70 ***	162.03 ***		
Pseudo R^2	0.63	0.12		
Log pseudolikelihood	−133.10	−633.42		

注：*、**、*** 分别表示在10%、5%、1%的水平上显著。

7.4.2 服务利用对社员客观福利影响的结果分析

7.4.2.1 服务利用对社员柑橘产量的影响分析

（1）多重共线性检验。

基于前文理论分析，本章运用STATA15.1统计分析软件实证检验服务利用对社员柑橘产量的影响。在正式进行回归分析之前，先对自变量间的多重共线性进行检验。结果显示，VIF的最大值为69.49，平均值为8.43，满足"VIF的均值大于1且最大值大于10"这一条件，表明存在显著的多重共线性，详见表7-7。进一步研究发现，导致多重共线性主要是因为使用了年龄和年龄的平方项。针对此类多重共线性问题，如果预测模型结果比较显著，可以不对多重共线性问题进行处理（胡博，2013），而加入年龄的平方项，是明瑟方程的典型特征（Mincer et al.，1974），故本书未对多重共线性进行精确处理。同时，需要说明的是，在服务利用对社员柑橘产量、均净收益和家庭收入影响的模型估计中，由于共用的是同一套指标变量，后文将不再对其多重共线性予以赘述。同时，为了矫正潜在的异方差问题，三个模型均采用了Robust稳健性估计。

表 7-7　自变量多重共线性检验结果

变量	VIF	1/VIF
服务利用	1.12	0.896
年龄	68.59	0.015
年龄的平方项	69.49	0.014
健康状况	1.18	0.850
受教育程度	1.63	0.614
是否有特殊经历	1.29	0.777
是否使用智能手机	1.55	0.645
对合作社的了解程度	1.36	0.736
家庭人口	1.16	0.859
柑橘种植面积	1.46	0.687
种植时间	1.36	0.733
销售风险	1.06	0.939
柑橘收入占比	1.4	0.715
合作社的示范等级	1.18	0.848
社员大会的表决方式	1.26	0.796
是否按交易量/股份分配盈余	1.11	0.901
外部服务市场的发育水平	1.12	0.896
川东北经济区	1.4	0.713
川南经济区	1.39	0.718
Mean VIF	8.43	—

（2）模型适用性检验。

内生性检验结果表明（见表7-8），两阶段方程独立性 LR 检验的值为 6.79，拟合优度 Wald Chi^2 检验的结果为 194.91，二者均在 1% 的水平上拒绝了决策方程和福利方程之间相互独立的原假设，表明不可观测因素和可观测因素同时影响服务利用和柑橘产量，即存在选择偏差，如果不加以修正，将会产生有偏不一致的估计参数（Michael et al., 2004）。因此，采用内生转换模型考察服务利用对社员柑橘产量的影响是合适的。$\rho_{\mu u}$ 的系数大于 0，表明利用合作社服务的社员的客观福利大于样本中一般农户的福利，相反，如果利用合作社服务的社员不利用合作社服务，则其自身客观福利将会下降，即服务利用将会促进柑橘产量提升。

表 7-8 服务利用对社员柑橘产量影响的回归结果

变量	决策方程		未利用社员		利用社员	
	系数	标准误	系数	标准误	系数	标准误
社员个体特征						
年龄	0.039	0.050	−7.027	23.452	−4.482	21.245
年龄的平方项	0.000	0.000	0.036	0.213	0.047	0.196
健康状况	0.075	0.085	11.895	39.190	−46.506	34.627
受教育程度	0.002	0.022	−6.962	10.023	3.851	9.021
是否有特殊经历	−0.061	0.181	105.052	91.184	2.235	71.616
是否使用智能手机	−0.077	0.177	83.070	71.657	174.351 **	80.280
对合作社的了解程度	0.066	0.063	−38.423	30.657	−17.272	26.829
家庭经营特征						
家庭人口	−0.004	0.039	12.673	17.365	16.362	17.219
柑橘种植面积	0.055 ***	0.015	−33.328 ***	8.315	−30.673 ***	6.340
种植时间	0.007	0.007	35.615 ***	3.396	29.622 ***	3.016
销售风险	0.047	0.130	−61.019	59.043	−11.535	54.167
柑橘收入占比	0.003	0.002	1.643 *	0.991	2.748 ***	1.056
合作社基本特征						
合作社的示范等级	−0.027	0.051	3.129	22.877	−17.758	21.280
社员大会的表决方式	−0.043	0.144	54.932	65.170	14.787	59.747
是否按交易量/股份分配盈余	0.025	0.131	−44.793	56.399	44.853	56.133
外部环境特征						
外部服务市场的发育水平	0.015	0.087	89.075 **	38.086	23.486	36.278
川东北经济区	0.498 **	0.243	−77.424	122.367	−131.430	99.849
川南经济区	0.011	0.169	−98.306	72.979	−143.160 **	72.811
工具变量						
是否能对新旧合作社进行区分	1.553 ***	0.158				

表7-8(续)

变量	决策方程		未利用社员		利用社员	
	系数	标准误	系数	标准误	系数	标准误
常数项	-3.100**	1.543	1 500.579**	706.570	1 685.549**	651.970
$\ln \sigma_{\mu u}$	—	—	—	—	6.059***	0.073
$\rho_{\mu u}$	—	—	—	—	0.570**	0.169
$\ln \sigma_{\mu n}$	—	—	6.079***	0.045	—	—
$\rho_{\mu n}$	—	—	-0.106	0.242	—	—
Wald chi^2	194.91***					
Log likelihood	-4 176.823					
LR test of indep. eqns	6.79***					

注：*、**、***分别表示在10%、5%、1%的水平上显著。

（3）结果分析。

第一阶段社员服务利用决策方程旨在控制核心自变量服务利用对因变量柑橘产量影响的选择性偏差（吴晓婷 等，2021）。具体而言，柑橘种植面积通过1%水平上的显著性检验，且系数为正，表明柑橘种植面积越大，社员越倾向于利用合作社服务；三大经济区的社员样本中，只有川东北经济区的社员通过了5%水平上的显著性检验，且系数为正，表明相对于成都平原经济区，川东北经济区的社员更倾向于利用合作社服务。是否能对新旧合作社进行区分通过1%水平上的显著性检验，且系数为正，表明能够区分新旧合作社的社员，其越可能利用合作社服务。需要进一步强调的是，是否能对新旧合作社进行区分是工具变量。工具变量有效性检验结果表明，Kleibergen-Paap rk LM 统计量为96.35，且通过1%水平上的显著性检验，表明加入工具变量后，模型是可识别的。弱工具变量检验结果表明，F统计量为16.86，大于10，并通过了1%水平的显著性检验，表明是否能对新旧合作社进行区分并不是一个弱工具变量。

第二阶段柑橘产量结果方程的估计结果表明，利用合作社服务和未利用合作社服务的社员之间的柑橘产量存在差异。对比分析利用合作社服务的社员和未利用合作社服务的社员，柑橘种植面积、种植时间、柑橘收入占比对社员柑橘产量的影响具有一致性，其中，柑橘种植面积在两类社员的柑橘产量结果方程中均通过了1%水平上的显著性检验，且系数为负，表明柑橘种植面积越小，两类社员的柑橘产量均会越高，在一定程度上体现了边际报酬递减规律（Pindyck et al., 2013）。柑橘种植时间在两类社员柑橘产量结果方程中均通过了 1%水平上的显著性检验，且系数为正，表明柑橘种植时间越长，两类社员的柑橘产量会越高。可见，人力资本对提升柑橘产量具有重要的作用。柑橘收入占比分别通过 10%、1%水平上的显著性检验，且系数为正，表明柑橘收入占比越高，柑橘产量越高，进一步表明专业化促进了柑橘产量提升。

是否使用智能手机、外部服务市场的发育水平、川南经济区等变量对柑橘产量的影响具有一定的异质性。对于未利用合作社服务的社员而言，其外部服务市场的发育水平通过 5%水平上的显著性检验，且系数为正，表明外部服务市场的发育水平越高，该类社员的柑橘产量越高。可见，外部服务市场对合作社有一定的互补作用，共同促进了柑橘产量的提升。对于利用了合作社服务的社员而言，其是否使用智能手机通过 5%水平上的显著性检验，且系数为正，表明使用智能手机有助于增加该类社员的柑橘产量；川南经济区通过 5%水平上的显著性检验，且系数为负，表明相对于成都平原经济区，川南经济区社员的柑橘产量增加的可能性较小，详细结果见表 7-8。

（4）处理效应分析。

利用式（7-16）计算出服务利用对柑橘产量的平均处理效应，详见表 7-9。其中，利用合作社服务的社员利用合作社服务时的柑橘产量的期望值为 2 115.459 千克，而利用合作社服务的社员在不利用合作社服务时的柑橘产量的期望值为 1 830.013 千克，进而计算得出服务利用对社员柑橘产量的平均处理效应（ATT）为 285.446 千克，且 ATT 通过 1%水平上的显著性检验，表明在控制了可观测因素和不可观测因素之后，服务利用使柑橘产量平均提高 13.49%，本章的假设 2 得到验证，即服务利用能够促进社员的柑橘产量的提升。

表 7-9　服务利用对社员的柑橘产量的平均处理效应

项目	利用	未利用	ATT	变化/%
利用的社员	2 115.459 (22.516)	1 830.013 (25.070)	285.446*** (33.697)	13.49

注：*** 表示在 1%的水平上显著。

（5）稳健性分析。

本节利用普通最小二乘法（OLS）估计服务利用对社员的柑橘产量的

影响。OLS 回归结果显示，社员服务利用对自身柑橘产量的边际影响为239.045 千克，且通过 1% 水平上的显著性检验，表明服务利用对社员的柑橘产量存在显著的正向影响，与 ESR 计算出的 ATT 相比，二者方向相同，但 OLS 的结果值偏小，详见表 7-10。显然，OLS 的模型估计结果没有考虑到由可观测变量和不可观测变量引起的模型内生性，从而在一定程度上有偏地估计了服务利用对社员的柑橘产量的影响，因而 OLS 估计仅仅可以看作一种粗略估计，而 ESR 的结果是比较稳健的，进一步验证了假设 2，即服务利用能够促进社员的柑橘产量的提升。

表 7-10　柑橘产量的稳健性检验结果

项目	OLS		ESR	
	系数	标准误	ATT	标准误
柑橘产量	239.045 ***	39.533	285.446 ***	33.697

注：*** 表示在 1% 的水平上显著。

7.4.2.2　服务利用对社员柑橘净收益的影响分析

（1）模型适用性检验。

模型内生性检验结果显示，两阶段方程独立性 LR 检验的值为 7.89，模型拟合优度 Wald Chi^2 的检验结果为 77.30，二者均在 1% 的水平上拒绝了决策方程和柑橘净收益结果方程之间相互独立的原假设，$\rho_{\mu u}$ 亦通过了 1% 水平上的显著性检验，表明不可观测因素和可观测因素同时影响社员服务利用行为和社员的柑橘净收益，即存在选择偏差，如果不加以修正，将会产生有偏不一致的估计参数，详见表 7-11。因此，采用内生转换模型考察服务利用对社员的柑橘净收益的影响是合适的。进一步来看，$\rho_{\mu u}$ 的系数大于 0，表明利用合作社服务的社员的柑橘净收益大于样本中一般社员的柑橘净收益，相反，如果利用合作社服务的社员不利用合作社服务，则其自身的柑橘净收益将会下降，即服务利用将会促进社员的柑橘净收益的提升。

表 7-11　服务利用对社员柑橘净收益影响的回归结果

变量	决策方程		未利用社员		利用社员	
	系数	标准误	系数	标准误	系数	标准误
社员个体特征						
年龄	0.044	0.049	-0.005	0.015	0.006	0.017

表7-11（续）

变量	决策方程		未利用社员		利用社员	
	系数	标准误	系数	标准误	系数	标准误
年龄的平方项	0.000	0.000	0.000	0.000	0.000	0.000
健康状况	0.063	0.081	−0.031	0.025	0.018	0.027
受教育程度	0.003	0.021	0.005	0.006	−0.010	0.007
是否有特殊经历	−0.035	0.174	−0.012	0.057	0.084	0.057
是否使用智能手机	−0.064	0.167	0.007	0.045	0.045	0.062
对合作社的了解程度	0.034	0.062	−0.027	0.019	−0.022	0.022
家庭经营特征						
家庭人口	0.006	0.038	0.005	0.013	0.005	0.013
柑橘种植面积	0.054 ***	0.015	−0.010 ***	0.005	−0.010 *	0.005
种植时间	0.010	0.007	0.014 ***	0.002	0.014 ***	0.002
销售风险	0.039	0.126	0.046	0.043	0.046	0.043
柑橘收入占比	0.003	0.002	0.003	0.001	0.003 ***	0.001
合作社基本特征						
合作社的示范等级	−0.020	0.049	0.015	0.017	0.015	0.017
社员大会的表决方式	−0.021	0.137	−0.044	0.047	−0.044	0.047
是否按交易量/股份分配盈余	0.049	0.125	0.039	0.043	0.039	0.043
外部环境特征						
外部服务市场的发育水平	0.017	0.083	0.011	0.029	0.011	0.029
川东北经济区	0.466 **	0.230	0.051	0.077	0.051	0.077
川南经济区	0.045	0.165	−0.032	0.057	−0.032	0.057
工具变量						
是否能对新旧合作社进行区分	1.329 ***	0.165				
常数项	−3.033 **	1.488	0.041 **	0.506	0.041	0.506
$\ln \sigma_{\mu u}$	—	—	—	—	−1.017 ***	0.072
$\rho_{\mu u}$	—	—	—	—	0.854 ***	0.074
$\ln \sigma_{\mu n}$	—	—	−1.295 ***	0.044	—	—
$\rho_{\mu n}$	—	—	0.020	0.216	—	—

表7-11(续)

变量	决策方程		未利用社员		利用社员	
	系数	标准误	系数	标准误	系数	标准误
Wald chi²	77.30***					
Log likelihood	−357.410					
LR test of indep. eqns	7.89***					

注：*、**、***分别表示在10%、5%、1%的水平上显著。

（2）结果分析。

第一阶段社员服务利用决策方程旨在控制核心自变量利用决策对因变量社员的柑橘净收益影响的选择性偏差。具体而言，柑橘种植面积通过1%水平上的显著性检验，且系数为正，表明柑橘种植面积越大，社员越倾向于利用合作社服务；三大经济区的社员样本中，只有川东北经济区的社员通过了5%水平上的显著性检验，且系数为正，表明相对于成都平原经济区，川东北经济区的社员更倾向于利用合作社服务。是否能对新旧合作社进行区分通过1%水平上的显著性检验，且系数为正，表明能够区分新旧合作社的社员，其越可能利用合作社服务。

第二阶段社员的柑橘净收益结果方程的估计结果显示，利用合作社服务和未利用合作社服务的社员之间的柑橘净收益存在差异。对比分析利用合作社服务的社员和未利用合作社服务的社员，柑橘种植面积和柑橘种植时间对社员的柑橘净收益的影响具有一致性，其中，柑橘种植面积在两类社员的柑橘净收益结果方程中分别通过了1%、10%水平上的显著性检验，且系数均为负，表明柑橘种植面积越小，两类社员的柑橘净收益增加的可能性越大。而柑橘种植时间在两类社员的柑橘净收益结果方程中均通过了1%水平上的显著性检验，且系数为正，表明柑橘种植时间越长，两类社员的柑橘净收益越高。

柑橘收入占比对社员的柑橘净收益的影响具有一定的异质性。对于利用了合作社服务的社员而言，柑橘收入占比通过1%水平上的显著性检验，且系数为正，表明柑橘收入占比越高，该类社员的柑橘净收益增加的可能性越大，而柑橘收入占比不会显著影响未利用合作社服务的社员的柑橘净收益，详见表7-12。

表 7-12　服务利用对社员柑橘净收益的平均处理效应

项目	利用	未利用	ATT	变化/%
利用的社员	0.704 (0.011)	0.575 (0.009)	0.129*** (0.014)	18.32

注：*** 表示在 1% 的水平上显著。

（3）处理效应分析。

同理，利用式（7-16）可以计算出服务利用对社员柑橘净收益的平均处理效应。从表 7-12 可以看出，利用合作社服务的社员利用合作社服务时的柑橘净收益的期望值为 0.704 万元。在反事实估计情形下，利用合作社服务的社员不利用合作社服务时的柑橘净收益的期望值为 0.575 万元，进而计算出服务利用对社员的柑橘净收益的 ATT 为 0.129 万元，且 ATT 在 1% 的水平上通过显著性检验，表明在控制了可观测因素和不可观测因素之后，服务利用使社员的柑橘净收益平均提升 18.32%，本章的假设 3 得到验证，即服务利用能够促进社员的柑橘净收益的提升。

（4）稳健性分析。本节利用普通最小二乘法（OLS）估计服务利用对社员的柑橘净收益的影响。OLS 回归结果显示，服务利用对社员的柑橘净收益的边际影响为 0.131 万元，且通过 1% 水平上的显著性检验，表明服务利用对社员的柑橘净收益存在显著的正向影响，与 ESR 计算出的 ATT 相比，二者方向相同，但 OLS 的结果值偏小，具体见表 7-13。显然，OLS 结果没有考虑到由可观测变量和不可观测变量引起的模型内生性问题，从而在一定程度上有偏地估计了服务利用对社员的柑橘净收益的影响，因而 OLS 估计仅仅可以看作一种粗略估计，而 ESR 的结果是比较稳健的，进一步验证了本章的假设 3，即服务利用能够促进社员的柑橘净收益的提升。

表 7-13　柑橘净收益的稳健性检验结果

项目	OLS		ESR	
	系数	标准误	ATT	标准误
柑橘净收益	0.131***	0.027	0.129***	0.014

注：*** 表示在 1% 的水平上显著。

7.4.2.3　服务利用对社员家庭收入的影响分析

（1）模型适用性检验。

模型内生性检验结果表明（见表 7-14），两阶段方程独立性 LR 检验

（LR test of indep. eqns）的值为 13.76，模型拟合优度 Wald Chi^2 的检验结果为 315.09，二者均在 1% 的水平上拒绝了决策方程和社员家庭收入结果方程之间相互独立的原假设，$\rho_{\mu u}$ 亦通过了 1% 水平上的显著性检验，表明可观测因素和不可观测因素同时影响服务利用和社员家庭收入，即存在选择偏差，如果不加以修正，将会产生有偏不一致的估计参数。因此，本节采用内生转换模型考察服务利用对社员家庭收入的影响是合适的。

表 7-14　服务利用对社员家庭收入影响的回归结果

变量	决策方程		未利用社员		利用社员	
	系数	标准误	系数	标准误	系数	标准误
社员个体特征						
年龄	0.036	0.048	−0.037	0.051	−0.124 ***	0.063
年龄的平方项	0.000	0.000	0.000	0.000	0.001 ***	0.001
健康状况	0.031	0.080	−0.019	0.084	−0.055	0.103
受教育程度	−0.001	0.021	−0.002	0.022	−0.013	0.027
是否有特殊经历	−0.043	0.171	0.143	0.196	−0.036	0.214
是否使用智能手机	−0.039	0.167	0.001	0.155	0.210	0.233
对合作社的了解程度	0.078	0.061	−0.102	0.067	−0.012	0.080
家庭经营特征						
家庭人口	−0.048	0.041	−0.292 ***	0.039	−0.511 ***	0.052
柑橘种植面积	0.068 ***	0.014	0.209 ***	0.020	0.234 ***	0.018
种植时间	0.008	0.007	0.023 ***	0.007	0.038 ***	0.009
销售风险	0.027	0.124	−0.241 *	0.127	0.180	0.161
柑橘收入占比	0.002	0.002	−0.020 ***	0.002	−0.011 ***	0.003
合作社基本特征						
合作社的示范等级	0.001	0.049	0.025	0.049	0.103	0.063
社员大会的表决方式	−0.027	0.138	0.115	0.140	0.301 *	0.178
是否按交易量/股份分配盈余	0.057	0.123	−0.038	0.121	−0.057	0.163
外部环境特征						
外部服务市场的发育水平	0.011	0.083	0.061	0.082	0.038	0.107
川东北经济区	0.392 *	0.234	−0.138	0.262	0.339	0.295
川南经济区	0.033	0.162	−0.239	0.158	0.046	0.215

表7-14(续)

变量	决策方程		未利用社员		利用社员	
	系数	标准误	系数	标准误	系数	标准误
工具变量						
是否能对新旧合作社进行区分	1.187***	0.174				
常数项	−2.633*	1.484	4.599***	1.522	5.936***	1.918
$\ln\sigma_{\mu u}$	—	—			0.312***	0.063
$\rho_{\mu u}$	—	—	—	—	−0.059***	0.048
$\ln\sigma_{\mu n}$	—	—	0.861	0.058	—	—
$\rho_{\mu n}$	—	—	−0.161	0.265	—	—
Wald chi^2	315.09***					
Log likelihood	−1 026.830					
LR test of indep. eqns	13.76***					

注：*、**、***分别表示在10%、5%、1%的水平上显著。

（2）结果分析。

第一阶段社员服务利用决策方程旨在控制核心自变量利用决策对因变量社员家庭收入影响的选择性偏差。具体而言，柑橘种植面积通过1%水平上的显著性检验，且系数为正，表明柑橘种植面积越大，社员越倾向于利用合作社服务；川东北经济区通过10%水平上的显著性检验，且系数为正，表明相对于成都平原经济区，川东北经济区的社员利用合作社服务的可能性更大。

第二阶段社员家庭收入结果方程的估计结果表明，利用合作社服务和未利用合作社服务的社员之间存在差异。对比分析利用合作社服务的社员和未利用合作社服务的社员，其家庭人口、柑橘种植面积、种植时间和柑橘收入占比对社员家庭收入的影响具有一致性，四者均通过了1%水平上的显著性检验，系数分别为负、正、正、负，表明家庭人口越少、柑橘种植时间越长、柑橘种植面积越大、柑橘收入占比越小，两类社员的家庭收入提升的可能性越大，与刘宇荧等（2019）的研究结论相一致，小规模经营的农户的家庭收入提升比较明显。

年龄、销售风险、社员大会的表决方式对社员家庭收入的影响具有一定的异质性。对于未利用合作社服务的社员而言，销售风险通过10%水平上的显著性检验，且系数为负，表明销售风险越低，该类社员的家庭收入越高；对于利用了合作社服务的社员而言，年龄和年龄的平方项均通过10%水平上的显著经验，且前者系数为负、后者系数为正，表明该类社员的家庭收入与其自身的年龄呈现出倒"U"形特征；社员大会的表决方式通过10%水平上的显著性检验，且系数为正，表明"一人一票"的表决方式有助于该类社员家庭收入的提升，详见表7-14。

（3）处理效应分析。

同理，利用式（7-16）可以计算服务利用对社员家庭收入的平均处理效应。从表7-15可以看出，利用合作社服务的社员在利用合作社服务时的家庭收入的期望值为2.769万元。在反事实估计情形下，利用合作社服务的社员在不利用合作社服务的情形下的家庭收入的期望值为2.270万元，进而计算出服务利用对该类社员家庭收入的ATT为0.498万元，且ATT在1%的水平上通过显著性检验，表明在控制了可观测因素和不可观测因素的影响之后，服务利用使社员家庭收入平均提升17.99%，本章的假设4得到验证，即服务利用能够促进社员家庭收入的提升。

表7-15　服务利用对社员家庭收入的平均处理效应

项目	利用	未利用	ATT	变化/%
利用的社员	2.769 (0.075)	2.270 (0.068)	0.498*** (0.101)	17.99

注：*** 表示在1%的水平上显著。

（4）稳健性分析。

本节利用普通最小二乘法（OLS）估计服务利用对社员家庭收入的影响。OLS回归结果显示，服务利用对社员家庭收入的边际影响为0.265万元，且通过1%水平上的显著性检验，表明服务利用对社员家庭收入存在显著的正向影响，与ESR计算出的ATT相比，二者方向相同，但OLS的结果值偏小，详见表7-16。显然，OLS结果没有考虑到由可观测变量和不可观测变量引起的模型内生性问题，从而在一定程度上有偏地估计了服务利用对社员家庭收入的影响，因而OLS估计仅仅可以看作一种粗略估计，而ESR的结果是比较稳健的，进一步验证了本章的假设4，即服务利用能够促进社员家庭收入的提升。

表 7-16　社员家庭收入的稳健性检验结果

项目	OLS		ESR	
	系数	标准误	ATT	标准误
家庭收入	0.265***	0.100	0.498***	0.101

注：*** 表示在 1% 的水平上显著。

7.5　小结

本章旨在考察服务利用对社员福利的影响。基于此，利用四川省柑橘大县（市、区）的 74 个柑橘合作社和 524 个柑橘社员的微观调研数据，采用有序 Probit 模型实证分析服务利用对社员满意度的影响，采用内生转换模型分别考察服务利用对社员的柑橘产量、净收益和家庭收入的影响。最后，本章得出以下研究结论：

（1）服务利用能够显著提升社员满意度。具体而言，相对于未利用合作社服务的社员，利用合作社服务可以显著提升社员满意度。因此，为了提升社员的主观福利，应该积极引导社员利用合作社服务。此外，对合作社的了解程度增加能够显著提升社员满意度。对合作社了解程度越高，社员满意度越高。因此，提升社员满意度的关键也在于提高社员对合作社的了解程度。

（2）服务利用能够显著提升社员客观福利。利用合作社服务和未利用合作社服务的社员之间的柑橘产量、净收益以及家庭收入存在显著差异，服务利用能够使社员的柑橘产量、净收益以及家庭收入分别提升 13.49%、18.91%、17.99%。因此，为了提高社员客观福利，应该积极引导社员利用合作社服务。

（3）各控制变量对两类社员客观福利的影响存在异同。对利用合作社服务和未利用合作社服务的两类社员而言，种植时间（从栽种到收获的时间）缩短会显著增加社员的柑橘产量、净收益以及家庭收入。柑橘收入占比提高会显著增加社员的柑橘产量，但会显著降低社员家庭收入。对于利用了合作社服务的社员而言，使用智能手机和川南经济区分别显著增加和降低其柑橘产量，柑橘收入占比显著增加社员柑橘净收益，而"一人一票"的表决方式显著增加其家庭收入。对于未利用合作社服务的社员而言，外部服务市场发育程度显著促进其柑橘产量增加，而销售风险显著降低其家庭收入。

（4）柑橘种植面积、是否能对新旧合作社进行区分和川东北经济区显著促进社员对合作社服务的利用。可见，引导社员利用合作社服务的关键也在于柑橘种植面积大的社员，要注重对社员进行合作社相关知识的宣传与讲解，同时也要关注地区差异。

8 社员服务利用及福利影响的典型案例分析

　　2020 年习近平总书记在考察吉林四平市梨树县卢伟农机农民专业合作社时指出："合作社的路子怎么走，我们一直在探索。你们走出了一条适合自己的合作社发展道路，提高了农业机械化水平，发挥了得天独厚的土地优势，农业科技水平、农民科技素质和农业生产效益都有了很大提高，很有意义。希望乡亲们再接再厉，总结经验，不断推广，同时要鼓励全国各地因地制宜发展合作社，探索更多专业合作社发展的路子来。"这为新时代合作社的发展指明了方向，即一方面要总结并推广经验，另一方面要因地制宜发展。作为合作社研究而言，主要就是及时总结合作社发展经验，为实践提供理论指导，而典型案例分析正是总结经验的有力工具。

　　完善服务和民主管理是合作社提质增效可选择的两条路径（黄祖辉、邵科，2009）。但是，由于中国缺乏合作社发展的经济基础和制度环境（马彦丽 等，2018），民主管理还有很长的道路要走，因而当前促进合作社提质增效最有效、最直接的路径就是完善合作社的服务功能，而社员对合作社服务的积极利用才是合作社服务功能发挥作用的关键所在，因而有待深入总结社员服务利用经验，为完善合作社服务功能、促进合作社提质增效提供方向遵循。因此，本章尝试采用案例分析深入探讨两大问题：其一，社员服务利用的内在逻辑是什么？其二，服务利用对社员福利影响的理论逻辑是什么？

8.1 案例分析方法介绍

科学的研究方法是支撑农林经济管理（简称"农经"）研究的利器。在定性研究和定量研究两大社会科学研究方法流派中，前者的优势在于因果识别或假说验证，后者擅长机制分析或路径探讨。案例研究作为定性研究中最常用的方法，当前在农经研究中充分运用案例研究方法正逢其时（王永贵 等，2021）。合作社作为农经最重要的研究对象之一，采用案例分析方法对其进行研究具有重要的理论和现实意义。

比较定量分析方法和定性分析方法，前者虽能够通过众多样本拟合出目标值，识别出机制或者路径，但通常获取的是平均意义上的数值，难以对细节进行深入的刻画，而案例分析可以弥补这一缺陷，能够对机制、路径等进行细致的描述。前文剖析了服务利用的理论逻辑，以及服务利用对社员福利的影响机理，并通过 74 个柑橘合作社和 524 个柑橘社员的微观调研数据定量分析了服务利用的影响因素以及服务利用对社员福利的影响。本章将通过典型案例深入剖析服务利用及福利影响的理论逻辑，进一步对前文的定量分析结果进行检验，通过定性分析与定量分析相结合，以期得出更为科学的研究结论。

8.2 典型案例选择

8.2.1 选择依据

本章以四川省资中县 NPS 血橙合作社（简称"NPS 合作社"）为例，深入分析服务利用及对社员福利的影响。选择 NPS 合作社主要基于以下两个原因：

（1）NPS 合作社由普通农户组建，为非示范社，在整个合作社样本中，其发展水平处于中间位置，能够代表绝大多数柑橘合作社的情况，因而具有一定的代表性。

（2）NPS 合作社只经营一个品种的柑橘，即塔罗科血橙，可以有效消除柑橘种类和品种异质性对研究结果的影响。

8.2.2　案例简介

8.2.2.1　合作社基本特征

NPS 合作社工商登记注册于 2014 年，由普通农户发起成立，注册社员 88 人，注册资本 500 万元，全部由农户出资，其中，理事长持股 5%，理事会持股 35%。NPS 合作社主要经营塔罗科血橙 1 个品种，其为资中县地理标志产品，种植面积 500 亩，其中，基地面积 100 亩。NPS 合作社的经营模式主要为"合作社+基地+农户"，2019 年 NPS 合作社生产投入 80 万元，经营收入 150 万元，带动非社员 50 人，而 2020 年，NPS 合作社生产投入 100 万元，经营收入 160 万元。总体来看，NPS 合作社促进乡村产业兴旺的效果比较显著，但在服务能力、信息获取能力以及提升社员凝聚力等方面的作用不够显著。

从制度建设来看，NPS 合作社社员入社自由，退社自由，社员入股形式多样，可以以资金、土地、果树等入股。2019 年，NPS 合作社召开社员大会 2 次、理事会和监事会各 1 次，社员大会、理事会、监事会"三会"的表决方式主要为"一人一票"。NPS 合作社没有进行盈余分配，没有提取公积金，没有定期公开财务和运行状况，对于参与管理的大股东，也没有额外的报酬。不难看出，NPS 合作社的管理制度比较民主，但分配制度不健全，既没有按照股份进行分配，也没有按照交易量进行分配，更没有按照上述二者的结合进行分配。因为没有盈余分配，财务公开自然成为空谈，缺乏对管理层的激励机制，因此，NPS 合作社的规范化水平有待进一步提升。当提及 NPS 合作社规范化问题时，理事长邱某表示："自身对《合作社法》比较了解，知道什么才是规范的合作社，自己也尝试过，但 NPS 合作社发展尚处在初级阶段，由于农业本来的弱质性，以及农民参与能力不足等原因，合作社存活都很困难，更别提提高合作社的规范性。"但同时邱某也指出，合作社规范化不仅是形式上的规范化，比如办公场地等"硬件"层面的规范化，以及"三会"等"软件"层面的规范化，前者要考虑合作社发展的经济实力，后者要考虑农民的能力、精力和重视程度等，更重要的是服务方面的规范化。只要能够给社员带来服务，只要能够增进社员的福利，合作社就是规范的。只有合作社的经济实力和社员的合作意识增强，才能实现真正意义上的规范化。因此，合作社的规范化应该因地制宜、因社制宜、因时制宜。

从外部环境来看，NPS合作社与政府的往来比较紧密。当前，NPS合作社可以获得政府生产技术、市场营销等培训和外出免费参观考察的机会，而获取的政府财政扶持较少。NPS合作社希望获得政府提供的设备、机耕道、冷库、厂房等基础设施，以及市场销售等方面的支持与帮助。NPS合作社外部农资市场的发育水平较高，有专门的生产服务队和柑橘协会，但仓储保鲜、冷链物流等环节存在短板，没有柑橘加工企业，同时市场上的柑橘价格波动很大，销售比较困难。由于缺乏抵押品和质押品，NPS合作社从金融机构贷款的难度较大。

8.2.2.2 合作社服务供给特征

NPS合作社主要提供四种农业生产性服务，即农资服务、销售服务、技术服务和信息服务。其中，农资服务主要包括为社员提供农药、肥料、旋耕机、薄膜、包装盒等，服务覆盖成员的比例达40%，服务不收手续费，价格比市场价格平均优惠10%。技术服务主要涉及绿色生产技术，包括有机肥施用技术、生物农药施用技术、物理和生物防虫技术、节水技术、耕作技术、薄膜回收利用技术等，技术培训全部免费，覆盖80%的社员。NPS合作社也为社员提供了销售服务，但覆盖社员的比例仅占5%，平均收购价格为1.6元/千克，略低于市场收购价格，而在合作社的销售渠道中，电商占30%，经纪人占50%，批发市场占20%。NPS合作社提供的信息服务主要包括农资信息、技术信息以及销售信息等，这些服务覆盖成员的比例达80%，且全部免费为社员提供。

从NPS合作社服务的供给情况来看，服务覆盖成员比例由大到小依次为技术服务、信息服务、农资服务、销售服务。可见，NPS合作社服务供给主要以"软服务"为主，"硬服务"供应相对较少。NPS合作社服务供给面临诸多问题。据理事长邱某反映，NPS合作社一心想更全面地服务社员，但大部分社员未利用合作社服务，且利用宽度和利用深度都不够，导致合作社服务供给不稳定，不利于合作社的可持续发展。那么，究竟哪些因素影响了社员对合作社服务的利用？是不是合作社服务不能显著增进社员的福利？下文将以NPS合作社为例，深入分析社员服务利用及其对社员福利影响的理论逻辑。

8.3 社员服务利用的现状考察和理论逻辑

8.3.1 社员服务利用的现状考察

笔者随机遴选了 13 个 NPS 合作社社员，并对其进行了深度访谈，以期厘清社员服务利用的内在机理，访谈提纲详见附录 4。

访谈结果显示，仅有 4 个社员利用了合作社服务，占比为 30.77%。可见，社员对合作社服务的利用不积极，绝大部分社员并没有利用合作社服务。据理事长邱某反映，仅有三成左右的社员利用合作社服务，因而用这 13 个 NPS 合作社社员的情况来反映合作社社员的整体利用情况，具有一定的代表性。

从社员对合作社服务的利用结构来看，社员主要侧重对合作社"软服务"的利用，如利用合作社技术服务的社员有 4 个，占比为 30.77%，利用合作社信息服务的社员有 3 个，占比为 23.08%，而社员对合作社"硬服务"的利用相对不足，只有 2 个社员利用了合作社农资服务，也只有 2 个社员利用了合作社销售服务，没有社员利用合作社提供的资金服务，因为合作社也未提供该项农业生产性服务。可见，合作社服务供给直接决定了社员服务利用。从利用宽度来看，在利用了合作社服务的 4 个社员中，2 个社员的利用宽度为 2，1 个社员的利用宽度为 3，1 个社员的利用宽度为 4；从利用深度来看，最高的为 90%，最低的为 10%，详见表 8-1。

进一步来看社员对合作社服务的利用需求，绝大多数利用合作社服务的社员的利用需求程度大于或等于 4，而对于未利用合作社服务的社员，其利用需求小于或等于 4。可见，利用合作社服务的社员的利用需求程度普遍高于未利用合作社服务的社员，因而需求是影响合作社服务利用的关键因素，了解社员内在的农业生产性服务需求至关重要。后文将以部分样本社员为例，深入剖析社员利用合作社服务的内在逻辑。

表 8-1 样本社员服务利用概况

样本社员	农资服务	销售服务	资金服务	技术服务	信息服务	利用需求	利用决策	利用宽度
A	1（55%）	1（90%）	0	1（65%）	1（30%）	5	1	4
B	0	1（45%）	0	1（30%）	1（35%）	4	1	3
C	1（45%）	0	0	1（40%）	0	4	1	2
D	0	0	0	1（10%）	1（50%）	4	1	2
E	0	0	0	0	0	4	0	0
F	0	0	0	0	0	4	0	0
G	0	0	0	0	0	3	0	0
H	0	0	0	0	0	3	0	0
I	0	0	0	0	0	1	0	0
J	0	0	0	0	0	4	0	0
K	0	0	0	0	0	2	0	0
L	0	0	0	0	0	4	0	0
M	0	0	0	0	0	1	0	0
合计	2	2	0	4	3	—	4	—
占比	15.38%	15.38%	0	30.77%	23.08%	—	30.77%	—

注：农资服务、销售服务、资金服务、技术服务、信息服务、利用决策栏的"1"代表利用，"0"代表未利用；括号内的数值代表利用深度；利用需求栏的"1~5"代表利用程度依次递增；利用宽度栏的"0~4"代表个数。

社员 A：家庭共有 4 个人，劳动力 2 人，种植血橙面积 6 亩，种植年限 20 年，当前种植血橙的物化成本为 1 600 元/亩，其中，农药 500 元/亩，肥料 730 元/亩。由于种植规模比较大，家庭对合作社服务的需求非常大，虽然外部服务市场较为发达，但合作社服务供给也比较完善，且家庭对合作社服务的质量满意度较高。社员 A 到最近市场中心的距离为 6 千米，而到合作社的距离仅有 1 千米，合作社服务便捷度非常高，故利用了合作社提供的全部生产性服务，因而利用宽度为 4。进一步来看，社员 A 对合作社农资服务、销售服务、技术服务、信息服务的利用深度分别为 55%、90%、

65%、30%，剩余服务均由外部服务市场提供。此外，社员 A 对合作社资金服务的需求非常大，但合作社当前尚未提供该项服务，因而利用了银行提供的资金借贷服务。可见，外部服务市场对合作社服务有一定的补充作用。

社员 B：家庭共有 5 个人，劳动力 2 人，种植血橙面积 5 亩，种植年限 6 年，种植血橙的物化成本为 1 700 元/亩，其中，农药为 720 元/亩，肥料为 800 元/亩。由于种植规模比较大，家庭对合作社服务的需求比较大，且到合作社的距离仅有 1 千米，而到最近市场中心的距离为 3 千米，自身认为合作社的服务便捷度比较高，对合作社的服务质量满意度也比较高，因而社员 B 利用了 3 种合作社服务。此外，社员 B 也对合作社的资金服务有较大的需求，但当前尚未得到满足。

社员 C：家庭共有 10 个人，劳动力 3 人，种植血橙面积 6 亩，种植年限 15 年，种植血橙的物化成本为 1 800 元/亩，其中，农药为 500 元/亩，肥料为 1 000 元/亩。由于种植规模比较大，家庭对合作社服务的需求比较大，虽然家庭认为合作社的服务质量一般，但家庭距离合作社仅 0.5 千米，认为合作社服务便捷度比较高，因而社员 C 利用了 2 种合作社服务。

社员 E：家庭共有 6 个人，劳动力 2 人，种植血橙面积 2 亩，种植年限 7 年，种植血橙的物化成本为 1 500 元/亩，其中，农药为 500 元/亩，肥料为 1 000 元/亩。虽然自身对合作社服务的需求比较大，但认为合作社的服务质量一般，服务便捷度也比较低，因而社员 E 没有利用合作社服务，转而利用了外部服务市场提供的农业生产性服务。因此，外部服务市场对合作社产生了一定的替代作用。

社员 G：家庭共有 3 个人，劳动力 3 人，种植血橙面积 4 亩，种植年限 10 年，种植血橙的物化成本为 2 000 元/亩，其中，农药为 600 元/亩，肥料为 1 000 元/亩。自身对合作社服务的需求一般，虽然对合作社的服务质量满意度比较高，但觉得服务便捷度比较低，因而没有利用合作社服务，但利用了部分外部服务市场提供的农业生产性服务。可见，外部服务市场对合作社产生了一定的替代作用。

社员 I：家庭共有 12 个人，劳动力 2 人，种植血橙面积 0.5 亩，种植年限 7 年，种植血橙的物化成本为 1 000 元/亩，其中，农药为 400 元/亩，肥料为 400 元/亩。自身认为合作社的服务质量一般，合作社服务便捷度也非常低，因而没有利用合作社服务。同时，由于种植规模比较小，自身对合作社服务的需求非常低，也基本没有利用外部服务市场提供的农业生产性服务。

社员 K：家庭共有 3 个人，劳动力 1 人，种植血橙面积 2 亩，种植年限 15 年，种植血橙的物化成本为 1 300 元/亩，其中，农药为 400 元/亩，肥料为 800 元/亩。由于种植规模比较小，自身对合作社服务的需求比较低，且对合作社的服务质量满意度非常低，服务便捷度也非常低，因而没有利用合作社服务，但利用了部分外部服务市场提供的农业生产性服务。

社员 M：家庭共有 4 个人，劳动力 1 人，种植血橙面积 0.5 亩，种植年限 6 年，种植血橙的物化成本为 2 000 元/亩，其中，农药为 1 000 元/亩，肥料为 800 元/亩。自身认为合作社的服务质量一般，服务便捷度也一般，因而没有利用合作社服务。由于种植规模小，自身对农业生产性服务的需求比较小，也基本上也没有利用外部服务市场提供的农业生产性服务。

8.3.2 社员服务利用的理论逻辑

从对以上 8 个样本社员的深入访谈可以发现，社员对合作社服务的利用决策取决于两个层面，一个是社员对柑橘生产性服务的需求，另一个是合作社服务供给。从社员对柑橘生产性服务的需求来看，需求直接决定了社员对合作社服务的利用。一般而言，社员经营规模越大，其利用需求越大，利用合作社服务的可能性越大。除此之外，服务利用质量满意度、服务便捷度等间接影响了社员的利用需求。具体表现为，服务利用质量满意度越高、服务便捷度越高，社员利用合作社服务的可能性越大，利用宽度越大，利用深度越深。因此，合作社应该及时捕捉社员的需求，有针对性地完善自身服务。

从合作社服务供给来看，只有合作社提供某一项或者某几项服务，社员才有可能利用；相反，若合作社未提供某项生产性服务，则社员不可能利用该项合作社服务。如资金服务，虽然个别社员的利用需求很大，但合作社未提供该项服务，社员自然不能够利用合作社资金服务。

外部服务市场对合作社服务有一定的互补和替代作用。互补作用具体表现在，对有需求或者需求比较大的社员而言，若合作社没有提供相应的农业生产性服务，社员就会从外部服务市场获取，以满足正常的柑橘生产需要；而替代作用表现在虽然合作社提供某项合作社服务，但是由于服务质量满意度、服务便捷度不高等原因，社员会利用外部服务市场提供的农业生产性服务。因此，外部服务市场对合作社服务供给而言，是重要的补充。NPS合作社社员服务利用的内在机理详细见图8-1。

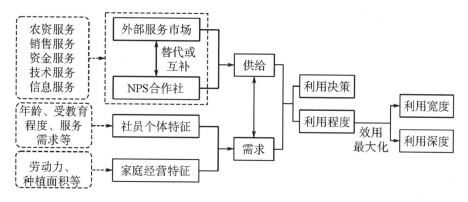

图8-1　NPS合作社社员服务利用的内在机理

8.4　服务利用对社员福利影响的理论逻辑

8.4.1　服务利用对社员主观福利影响的理论逻辑

本节主要运用社员满意度来考察样本社员的主观福利，并以3个利用了合作社服务的社员（A、B、C）为例，详细论述服务利用提升社员主观福利的内在机理。

社员A：利用需求为5，利用了农资服务、销售服务、技术服务、信息服务4种合作社服务，即利用宽度为4，且这4种合作社服务的利用深度分别为25%、30%、35%、30%。访谈发现，该社员自合作社成立之时（2014年）就加入了合作社，只是过了两三年才开始利用合作社服务，利用合作社服务之前的社员满意度为2，而当前的社员满意度为4。社员满意度提升的原因主要在于：合作社提供的农资质量有保障，而市场上的农资鱼龙混杂，不用自己亲自去找农资，因而可以节约时间和费用。现在柑橘销售困难，合作社销售能够缓解自身销售压力，技术服务主要是及时、针对性强，能够接近前沿技术，且免费提供，因而能够节约学习费用。信息服务主要帮助自身了解市场，尤其是农资市场和销售市场，合作社对自身帮助很大，因而满意度较之前有所提升。社员满意度小于5，主要在于合作社没有完善的分配制度，而《合作社法》规定的是有盈余分配的。

社员 B：利用需求为 4，利用了销售服务、技术服务、信息服务 3 种合作社服务，即利用宽度为 3，且这 3 种合作社服务的利用深度分别为 20%、30%、35%。该社员自合作社成立就加入了合作社并且利用合作社服务，以前的社员满意度并不高，而当前的社员满意度为 4。主要原因在于：在柑橘供过于求的大背景下，合作社销售服务可以消纳部分柑橘，缓解销售压力，技术服务比较及时，不仅提供农资信息，还提供销售信息等，帮助自身了解更多的市场信息，有利于科学决策、科学种植，因而社员满意度有所提升。

社员 C：利用需求为 4，利用了农资服务和技术服务 2 种合作社服务，即利用宽度为 2，且这 2 种合作社服务的利用深度分别为 18%、40%。该社员同社员 A 一样，也是合作社成立之初就加入了合作社，只是近两年才真正利用合作社服务，当前社员满意度为 3。该社员表示，合作社农资服务不仅节约了购买农资的时间和精力，而且农资价格普遍比外部服务市场便宜，更为关键的是农资质量有一定的保障。合作社技术服务比较先进，能够及时获得合作社的指导，因而社员满意度有所提升。该社员进一步表示，如果有盈余分配，自身的社员满意度还会提升。合作社作为社员的合作社，如果有盈余，应该利益共享。

从纵向来看，3 位利用了合作社服务的社员的主观福利的结果表明，服务利用能够提升社员的主观福利。从横向来看，比较利用合作社服务和未利用合作社服务的社员，前者的社员满意度普遍较高，取值为 3、4、5，而后者取值为 2 或 3，详见表 8-2，即利用了合作社服务的社员对合作社服务的总体满意度较高，表明服务利用能够提升社员的主观福利。服务利用对社员主观福利的影响逻辑可以用图 8-2 表示。

表 8-2　NPS 合作社社员主观福利

社员	利用需求	利用决策	社员满意度	服务种类满意度	服务质量满意度	服务便捷度	服务价格满意度
A	5	1	4	4	4	5	3
B	4	1	5	4	4	4	4
C	4	1	3	5	3	4	5
E	4	0	2	3	3	2	3
G	3	0	2	4	4	2	4
I	1	0	3	3	3	1	3

表8-2(续)

社员	利用需求	利用决策	社员满意度	服务种类满意度	服务质量满意度	服务便捷度	服务价格满意度
K	2	0	3	4	1	1	3
M	1	0	3	3	3	3	3

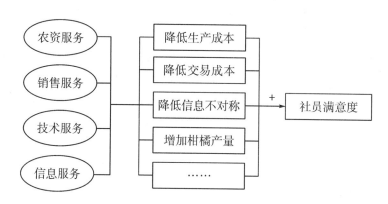

图8-2　NPS合作社提升社员满意度的路径

8.4.2 服务利用对社员客观福利影响的理论逻辑

8.4.2.1 服务利用对社员柑橘产量的影响

从柑橘产量来看，以利用了NPS合作社服务的三个社员为例，社员A、B、C的柑橘产量分别为2 850千克/亩、2 000千克/亩、2 250千克/亩，比他们利用合作社服务以前分别提高了350千克/亩、270千克/亩、300千克/亩。可见，服务利用显著提升了社员柑橘产量。

进一步来看服务利用促进社员柑橘产量提升的内在机理。社员A指出，自身利用了合作社的农资服务、销售服务、技术服务和信息服务。其中，农资服务保障了柑橘生产所需的农药、肥料等农资投入的品质，因而柑橘产量得以提升。NPS合作社提供的销售服务帮助社员规避了柑橘的市场销售风险，社员只要按照合作社的要求生产出来，合作社一般都会收购，作为一个"经济人"，自身柑橘生产的积极性提高，柑橘产量自然有所增加。NPS合作社技术服务改变了自身的传统种植和管理观念，转而利用较为科学的方式种植柑橘，柑橘产量得到了一定的保证。NPS合作社提供农资、管理、销售等市场信息，可以降低经营风险，柑橘产量因而得以增加。

社员 B 指出，自身利用了 NPS 合作社的销售服务、技术服务和信息服务，NPS 合作社低于市场价格进行销售（销售价格为 1.6 元/千克，市场价格为 1.8 元/千克），只要达到一定的要求，合作社都会收购，自身也主要通过合作社进行柑橘销售，产量越高，销售收入越多，因而自身提高柑橘产量的积极性较高。技术培训使自身掌握了较为先进、适用的生产技术和管理经验，这对柑橘产量的提升作用最大，柑橘生产投入增加，柑橘产量因而得以提升。

社员 C 指出，自身只利用了合作社的农资服务和技术服务，农资服务从源头上确保了农药和肥料等的质量，相比于鱼龙混杂的外部服务市场，比如农资店的农资的质量参差不齐，而合作社销售的农资质量比较放心，这对提升柑橘产量大有裨益。以前种植柑橘主要是粗放化管理，而现在逐渐开始标准化、精细化管理，比如采用疏花疏果技术后，果子的数量有所减少，但单个果子的重量有所增加，总产量有所增加。疏花疏果的另外一个好处就是果子大了更容易销售。

综上所述，NPS 合作社提升柑橘产量的机理主要在于以下几点：其一，农资服务通过保障种苗、农药、肥料等农资品质，进而夯实要素投入质量，进而提升了柑橘产量；其二，销售服务在一定程度上化解了柑橘市场销售风险，保障社员柑橘能够卖得出，刺激了社员提升产量的积极性；其三，技术服务改变了社员传统观念和生产管理方式，促进了柑橘产量的提升；其四，信息服务有效降低了信息不对称，帮助社员规避风险，有利于柑橘产量的提升，详见图 8-3。

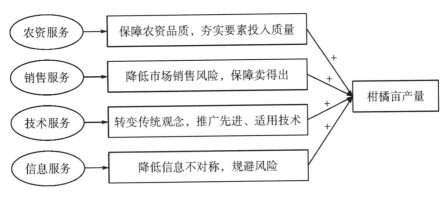

图 8-3 NPS 合作社提高社员柑橘产量的路径

8.4.2.2 服务利用对社员柑橘净收益的影响

从柑橘净收益来看，同样以利用了 NPS 合作社服务的 3 个社员为例，社员 A、B、C 的柑橘产量分别为 0.782 万元/亩、0.450 万元/亩、0.341 万元/亩，相比于他们利用合作社服务以前，柑橘产量分别提高了 0.060 万元/亩、0.080 万元/亩、0.150 万元/亩。可见，服务利用显著提升了社员柑橘净收益。

进一步来看服务利用促进社员柑橘净收益提升的内在机理。社员 A 指出，农资服务节约了自身去外部服务市场（如农资店）购买农资的时间、精力和花费，有利于节约成本。相比于外部服务市场，合作社提供的农资的质量有一定的保证，因而产量较高，销售收入较高。销售服务帮助自身及时销售柑橘，自身经由合作社销售柑橘的量比较大，虽然销售价格较市场价格略微下降，但总收入有所增加。技术服务使自己免费获得了先进适用的服务，节约了投入成本。同时，这些技术也提高了柑橘产量，柑橘销售收入增加。

社员 B 指出，销售服务避免了自身前往寻找经纪人，不用亲自讨价还价，有利于节约成本，技术服务不仅帮助自己获得免费技术，而且技术培训比较接地气，对柑橘生产管理帮助很大，而自己平时请"土专家"指导，除靠"交情"外，一般费用都很高，因此服务利用节约了生产成本。信息服务帮助自身及时获取市场相关信息，进而进行生产经营决策，避免盲目行为发生，因此帮助自身规避了市场风险，降低了生产成本。

社员 C 指出，合作社提供的农资价格便宜，有利于降低生产成本，同时农资质量有保证，有利于提高产量、增加销售收入。技术服务提高了柑橘的品质和产量，有利于柑橘销售收入的增加，因而柑橘净收益得到提升。

综上所述，NPS 合作社服务促进社员的柑橘净收益提升的机制如下：农资服务通过降低搜寻和投入成本，进而降低生产成本；同时有质量保证的农资提升了柑橘产量，有利于销售收入的提升。销售服务降低了搜寻成本和产品耗损，有利于生产成本的降低，"低价量多"增加了柑橘销售收入。技术服务一方面降低了技术搜寻和使用成本，另一方面先进适用的技术提高了柑橘产量。信息服务帮助社员减少信息不对称，规避生产经营风险，有利于降低成本、增加收入，详见图 8-4。

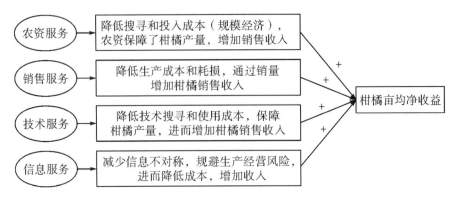

图 8-4 NPS 合作社提高社员柑橘净收益的路径

8.4.2.3 服务利用对社员家庭收入的影响

从家庭收入来看，同样以利用了 NPS 合作社服务的 3 个社员为例，社员 A、B、C 的家庭收入分别为 1.974 万元/人、1.935 万元/人、0.444 万元/人，相比于他们利用合作社服务以前，家庭收入分别提高了 0.400 万元/人、0.450 万元/人、0.500 万元/人。可见，服务利用显著提升了社员家庭收入。

进一步来看服务利用促进社员家庭收入提升的内在机理。A、B、C 三个社员认为，服务利用提高了柑橘收入，农业收入增加。同时，合作社节约了柑橘生产的时间和精力，自身有更多的时间从事其他工作获得收入，如 A、B、C 三个社员家庭都有外出务工，获得工资性收入。除此之外，社员 A 和社员 B 家庭还有养殖，农业收入增加，社员 C 还在合作社务工，工资性收入增加。

综上所述，服务提升社员家庭收入的机制主要在于两个层面：一方面通过提高柑橘产量来提高柑橘销售收入，另一方面通过优化劳动力配置等提高其他农业收入和工资性收入，详见图 8-5。

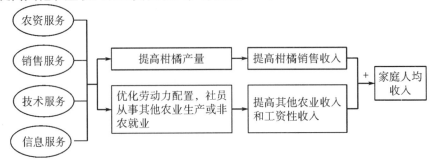

图 8-5 NPS 合作社提高社员家庭收入的路径

8.5　案例分析质量检验

本节通过建构效度（construct validity）、内在效度（internal validity）、外在效度（validity）以及信度（realiability）来检验案例分析的质量（罗伯特，2017）。其中，建构效度是指对所要研究的概念形成一套正确的、具有可操作性的，且成体系的研究指标；内在效度是指从各种纷乱的假象中找出因果联系，即证明某一特定的条件将引起另一特定的结果；外在效度是指建立一个范畴，并把研究结果归纳于该类项下；信度是指研究结果具有可重复性，如果重复这一研究，就能得到相同的结果。下面将分别从上述四个方面来检验本章案例分析的质量：

8.5.1　建构效度检验

本书主要探讨两大问题，一个是社员服务利用的内在逻辑，另一个是服务利用对社员福利的影响。基于此，本节的案例分析涉及实证分析的绝大部分关键指标，指标变量比较成体系，并且在访谈中收集到了有效的相关指标变量，因而本案例满足一定的建构效度检验。

8.5.2　内在效度检验

内在效度检验的关键是要识别出因果联系。需要注意的是，该项检验仅用于解释性或因果性案例研究，不能用于描述性、探索性案例研究（罗伯特，2017）。本书的第一大部分"社员服务利用"属于探索性案例研究，内在效度检验不适用，而第二大部分"服务利用对社员福利的影响"属于解释性案例研究，可以采用内在效度检验。具体而言，本书在访谈提纲中，设置"利用合作社服务对您（合作社）的满意度有什么影响""利用合作社服务对柑橘产量（净收益、家庭收入）有什么影响"等题项，直接询问利用合作社服务而非其他因素对自身福利的影响，即利用合作社服务这个"因"引起福利这个"果"的变化，因而本案例满足一定的内在效度检验。

8.5.3　外在效度检验

本书建立了两大范畴：一个是社员服务利用，不管是利用决策，还是利用宽度，抑或是利用深度，都属于此范畴；另一个是服务利用对社员福利的影响，涵盖了对社员主观福利的影响和对社员客观福利的影响。其中，主观福利主要指社员满意度，客观福利包括柑橘产量、净收益和家庭收入三个层面，因而本案例满足一定的外在效度检验。

8.5.4　信度检验

信度检验考察研究结果的可重复性。因此，笔者在 2021 年 7 月中旬对 NPS 合作社进行了追踪调研，并对部分样本社员进行了实地或者电话回访，回访的结果和本案例分析的结果比较吻合，因而本案例满足一定的信度检验。

综上所述，本章采用的案例分析满足建构效度、内在效度、外在效度以及信度检验，表明案例分析的质量相对较高，研究结果比较可靠。

8.6　小结

本章以 NPS 合作社为例，采用案例分析深入考察了社员服务利用及福利影响的理论逻辑，得出的研究结论如下：

社员服务利用受"供给"和"需求"两个层面的共同影响，社员基于自身效用最大化进行利用决策、利用宽度和利用深度的选择。其中，社员个体特征和家庭经营特征影响社员对合作社服务的"需求"，外部服务市场和 NPS 合作社特征影响农业生产性服务"供给"，且二者之间有一定的替代作用。

从主观福利来看，服务利用主要通过降低生产成本、交易成本和信息不对称，以及增加柑橘产量、净收益和家庭收入等途径提高社员满意度。从客观福利来看，服务利用能够显著提升柑橘产量、净收益和家庭收入。其中，主要通过保障农资质量、降低信息不对称、规避市场经营风险和推广先进适用技术等路径提高柑橘产量，通过降低生产成本、交易成本和信息不对称，以及提高柑橘产量、质量和价格等路径提升柑橘净收益；通过提高柑橘收入，优化劳动力资源配置，提高其他农业收入以及工资性收入等路径提升社员家庭收入。

显然，案例分析与前面定量分析的结果一致，因此，本书实现了定性分析与定量分析相结合的目标，二者共同对理论部分进行了验证。

9 研究结论、对策建议、研究的不足与展望

9.1 研究结论

本书以四川柑橘合作社及社员为研究对象，首先，科学界定了农民专业合作社、农业生产性服务、服务利用和社员福利等核心概念的内涵与外延，并基于分工理论、供求理论、农户行为理论、交易成本理论和福利理论，尝试构建"服务利用—社员福利"分析框架，深入分析社员服务利用的内在逻辑，系统剖析服务利用对社员福利影响的理论逻辑。其次，宏观、中观与微观相结合，深入分析四川柑橘产业、合作社及柑橘合作社的发展概况，基于四川省柑橘大县（市、区）74个柑橘合作社及524个社员的一手调研数据，微观剖析社员服务利用现状和社员福利现状。再次，从利用决策、利用宽度和利用深度三个层面出发，实证考察社员服务利用的影响因素，系统剖析服务利用对社员主观福利（社员满意度）和客观福利（柑橘产量、柑橘净收益以及家庭收入）的影响。最后，本书得出以下结论：

（1）社员服务利用取决于供需约束下的潜在效用。本书从利用决策和利用程度两个层面诠释社员服务利用，并从横向（利用宽度）和纵向（利用深度）两个维度刻画社员服务利用程度。理论分析表明，社员基于效用最大化原则，在自身服务需求和服务供给的双重约束下进行服务利用决策、利用宽度和利用深度的选择。其中，社员个体特征和家庭经营特征在一定程度上决定社员服务利用的"需求"，而合作社基本特征、合作社服务特征和外部环境特征决定了农业生产性服务的"供给"。

（2）服务利用通过多元路径影响社员福利。服务利用主要通过降低社员生产成本、信息不对称，提高柑橘产量和收购价格等途径提升社员满意度。通过保障农资质量、降低信息不对称、规避市场经营风险和推广先进适用技术等途径，提升柑橘产量；通过降低生产成本、交易成本和信息不对称，提高柑橘销售价格，进而提升社员的柑橘净收益；通过优化劳动力资源配置，提高社员柑橘收入、其他农业收入以及工资性收入，进而提高社员家庭收入。

（3）样本社员服务利用水平整体不高。从合作社服务供给来看，74个样本合作社主要供应农资、技术、销售、资金和信息五种农业生产性服务，且近80%的合作社提供三种以上的服务。显然，大多数合作社服务供给相对比较完善。然而，社员服务利用水平整体不高，从利用决策来看，仅仅一半的社员利用了合作社服务；对于利用了合作社服务的社员而言，利用宽度主要为"1"或者"2"，且利用深度主要为（0，0.5]，这也成为合作社饱受诟病的重要原因所在。

（4）社员服务利用受到多重因素的影响。从利用决策来看，服务需求、对合作社的了解程度、邻居是否利用、销售风险、是否按交易量/股份分配盈余、服务质量满意度、服务便捷度显著正向影响社员服务利用决策，而劳动力的负向影响显著。从利用宽度来看，服务需求、邻居是否利用、服务质量满意度和服务便捷度均显著正向影响社员服务利用宽度，而服务宽度的负向影响显著。从利用深度来看，对合作社的了解程度、种植面积、按交易量/股份分配盈余、溢价能力和服务便捷度显著提升社员对合作社销售服务的利用深度。

（5）服务利用能够显著增进社员福利。服务利用可以显著提升社员主观福利和客观福利。具体而言，相对于未利用合作社服务的社员，服务利用可以显著提升社员满意度。服务利用对柑橘产量的平均处理效应为300.004千克/亩，能够使社员的柑橘产量平均提升14.18%。服务利用对社员的柑橘净收益的平均处理效应为0.133万元/亩，能够使社员的柑橘净收益平均提升18.91%；服务利用对社员家庭收入的平均处理效应为0.499万元/人，能够使社员的家庭收入平均提高18.01%。

9.2 对策建议

（1）大力宣传柑橘合作社。以《合作社法》、各级示范社素材为载体，通过音频、视频、讲解、参观等社员易于接受的方式宣传合作社的功能和作用，推动更多社员了解合作社。大力宣传柑橘合作社农资、销售、资金和技术等服务优势和特色，引导社员了解合作社服务。同时为合作社正名，其不仅能够提升社员的主观福利，还能提升社员的客观福利。总结提炼柑橘合作社服务发展典型模式和成功经验，因地制宜地推广柑橘合作社服务。重视邻里示范作用，由点及面，推动更多的社员了解并利用合作社服务。

（2）提升柑橘合作社服务供给水平。合作社服务的供给不应该仅仅满足供给的数量，还在于满足供给的质量，因此，必须摒弃"以量取胜"的传统观念，向"以质取胜"转变。具体而言，可以从两个层面积极发力：一方面，精准捕捉社员内在需求，提供优质廉价的农业生产性服务，提升合作社服务的供给质量。如对于销售服务而言，重点提高合作社的议价能力；对于技术服务而言，努力提高技术培训的质量，在保障合作社服务供给质量的前提下，增加服务供给的数量，以满足社员多元化的柑橘生产性服务需求。另一方面，提升服务的便捷度，方便快捷地满足不同类型社员的需求，降低社员的经营风险，增强社员利用合作社服务的获得感。

（3）提高社员的服务利用水平。服务利用是合作社可持续发展的关键。为了提升社员福利，一方面，要积极引导社员利用合作社服务；另一方面，对于利用了合作社服务的社员，应该引导其增加利用宽度，同时引导其增加对合作社服务的利用深度。具体而言，从合作社服务供给和社员自身服务需求两端抓起，其中合作社服务供给主要保障服务的质量，需求端注重激发社员的内在需求，积极引导社员进行土地流转，开展适度规模经营，需求和供给双管齐下，积极引导社员利用合作社服务，提高社员对合作社服务的利用宽度和利用深度，进而为合作社提质增效提供理论指导。

（4）完善柑橘合作社内部制度。民主管理亦是合作社的本质属性，而管理与分配制度是合作社民主管理的关键所在。完善合作社成员（代表）

大会、理事会、监事会"三会"制度，重点抓好成员（代表）大会的开展，引导社员积极参与成员（代表）大会，推行"一人一票"的表决方式，不断提升合作社内部的民主管理水平。完善合作社利益分配制度，一方面要兼顾普通社员甚至是弱势社员的福利，另一方面要注重保证投资者的积极性，推广按交易量/股份分配或者其他易于社员广泛接受的利益分配方式，通过优化利益分配，不断增强各类社员的获得感，提高合作社的向心力，推动社员与合作社形成"利益共享、风险共担"的利益共同体，进而为合作社服务发展奠定治理基础。

（5）强化柑橘合作社政策支持。为了促进柑橘产业的发展和橘农福利的提升，应该大力支持柑橘合作社发展。其一，摆脱舆论对合作社的负面影响，从政府层面客观审视柑橘合作社的功能，坚定发展柑橘合作社的立场；其二，直面柑橘合作社在土地、道路、灌溉等方面的"短板"，加大对柑橘合作社基础设施的政策扶持；其三，整合柑橘产业和部分合作社培育政策资源，汇成合力支持柑橘合作社发展；其四，针对柑橘生产投入大、周期长的特征，加大资金扶持力度并延长扶持时间，同时，创新金融产品，扩大柑橘合作社抵押担保范围，创新针对柑橘的特色保险品种；其五，为柑橘合作社搭建销售平台，帮助橘农有机衔接大市场。

9.3 研究的不足与展望

本书以四川柑橘合作社及其社员为例，深入探讨社员服务利用及福利影响。囿于自身精力和外部环境等因素所限，本书主要存在以下不足：

（1）本书仅以四川省的柑橘合作社为例进行研究。由于中国幅员辽阔，柑橘大省分布较广，四川柑橘合作社的情况不能代表全国。因此，我们可以以其他柑橘大省的柑橘合作社为例进行实证研究，进一步考察本书的结论是否适用于其他省份。

（2）新冠病毒感染疫情对研究结果的潜在影响。根据大多数合作社理事长的反馈，受销售惯性的影响，新冠病毒感染疫情暴发的前后年份，使用合作社进行柑橘销售的社员没有发生明显的变化。未来研究可以使用新冠病毒感染疫情暴发前几年的数据进行进一步分析，并与本书的结果进行比较，进而检查本书结果的稳健性。

此外，本书提出以下两点展望：

（1）将合作社置身于整个农业社会化服务体系中，深入分析合作社服务与其他服务主体对社员福利的影响差异，进而从宏观层面来考察合作社的功能与价值。

（2）本书中服务利用对社员福利的影响主要聚焦在客观福利层面，如柑橘产量、柑橘净收益以及家庭收入。实际上，社员的福利除体现在客观福利层面外，还可能体现在心理、能力、社会联系等层面（森，2002；苑鹏，2013；赵昶、董翀，2019），呈现出多维福利的特征。因此，有待进一步探究服务利用对社员多维福利的影响，进而全面评价新时代中国合作社的功能与价值。

参考文献

［1］白丽，张润清，赵邦宏.农户参与不同产业化组织模式的行为决策分析：以河北省食用菌种植户为例［J］.农业技术经济，2015（12）：42-51.

［2］白长虹.西方的顾客价值研究及其实践启示［J］.南开管理评论，2001（2）：51-55.

［3］毕美家.乡村振兴　让合作社走向前台［J］.农村工作通讯.2018（20）：26-27.

［4］庇古.福利经济学［M］.朱泱，等译.北京：华夏出版社，2017.

［5］蔡荣，易小兰.合作社治理的社员态度与参与行为：以鲁陕2省672位果农调查为例［J］.农业技术经济，2017（1）：98-108.

［6］蔡荣，韩洪云.合作社内部"影响成本"决定因素的实证分析：基于山东省苹果专业合作社的调查数据［J］.经济评论，2011（5）：106-112.

［7］蔡荣，马旺林，王舒娟.小农户参与大市场的集体行动：合作社社员承诺及其影响因素［J］.中国农村经济，2015（4）：44-58.

［8］蔡荣，王学渊.农业合作社的集体行动困境：理论分析与实证检验［J］.农业经济问题，2013，34（4）：69-75.

［9］蔡荣."合作社+农户"模式：交易费用节约与农户增收效应：基于山东省苹果种植农户问卷调查的实证分析［J］.中国农村经济，2011（1）：58-65.

［10］蔡荣.合作社内部交易合约安排及对农户生产行为的影响［D］.杭州：浙江大学，2012.

［11］陈宏伟，穆月英.农业生产性服务的农户增收效应研究：基于内生转换模型的实证［J］.农业现代化研究，2019，40（3）：403-411.

［12］陈江华，李道和，刘佳佳，等.社员对合作社服务需求的优先序及其影响因素：基于江西省农民专业合作社487份调查数据［J］.湖南农业大学学报（社会科学版），2014，15（5）：8-14.

［13］陈强. 高级计量经济学及 Stata 应用［M］. 北京：高等教育出版社，2010.

［14］陈锡文. 加快发展现代农业［J］. 求是，2013（2）：38-40.

［15］陈先勇，周洋，施思. 农村专业合作经济组织对农民福利水平的影响研究：从收入、风险和收入分配三方面进行分析［J］. 华中农业大学学报（社会科学版），2007（5）：48-54.

［16］陈翔宇，李燕凌. 小农户农业社会化服务需求研究：基于湖南省衡阳县的典型调研［J］. 农村经济，2021（2）：137-144.

［17］陈新建，谭砚文. 基于食品安全的农民专业合作社服务功能及其影响因素：以广东省水果生产合作社为例［J］. 农业技术经济，2013（1）：120-128.

［18］陈燕，任晓冬，李晟之. 新形势下社员对专业合作社参与程度、合作行为与意愿分析：基于贵州省五个合作社的案例分析［J］. 农村经济，2019（1）：139-144.

［19］陈乙酉，张邦辉. 社会保障对农民工流动决策的影响研究：基于"推拉"理论的实证［J］. 农业经济问题，2018（10）：132-140.

［20］成海清. 顾客价值驱动要素剖析［J］. 软科学，2007（2）：48-51.

［21］程大中. 生产者服务论：兼论中国服务业发展与开放［M］. 上海：文汇出版社，2006.

［22］储成兵. 农户病虫害综合防治技术的采纳决策和采纳密度研究：基于 Double-Hurdle 模型的实证分析［J］. 农业技术经济，2015（9）：117-127.

［23］崔宝玉，陈强. 资本控制必然导致农民专业合作社功能弱化吗？［J］. 农业经济问题，2011，32（2）：8-15.

［24］崔宝玉，张忠根，李晓明. 资本控制型合作社合作演进中的均衡：基于农户合作程度与退出的研究视角［J］. 中国农村经济，2008（9）：63-71.

［25］崔彩贤，边丽瑾，赵晓峰. 农民合作社信用合作满意度实证研究：基于内部社会资本分析视角［J］. 西北农林科技大学学报（社会科学版），2020，20（1）：42-51.

［26］邓衡山，王文烂. 合作社的本质规定与现实检视：中国到底有没有真正的农民合作社？［J］. 中国农村经济，2014（7）：15-26.

［27］邓秀新，彭抒昂. 柑橘学［M］. 北京：中国农业出版社，2013.

[28] 翟欣, 陈素云, 董安玮, 等. 农户对合作社专业化服务需求分析 [J]. 河南农业大学学报, 2014, 48 (2): 236-242.

[29] 翟雪玲, 戴鹏. 要素投入、技术进步与棉花产出增长: 基于贝叶斯面板随机前沿模型的实证研究 [J]. 农业技术经济, 2021 (1): 129-144.

[30] 丁俊华. 中国特色社会主义农业合作社发展研究 [D]. 郑州: 河南大学, 2014.

[31] 丁琳琳, 吴群, 李永乐. 新型城镇化背景下失地农民福利变化研究 [J]. 中国人口·资源与环境, 2017, 27 (3): 163-169.

[32] 董翀, 钟真, 孔祥智. 农民合作社提供供应链融资的影响因素研究: 来自百余家合作社的证据 [J]. 农村经济, 2015 (5): 66-71.

[33] 董大海, 权小妍, 曲晓飞. 顾客价值及其构成 [J]. 大连理工大学学报 (社会科学版), 1999 (4): 18-20.

[34] 杜吟棠, 潘劲. 我国新型农民合作社的雏形: 京郊专业合作组织案例调查及理论探讨 [J]. 管理世界, 2000 (1): 161-168.

[35] 樊红敏. 新型农民专业合作经济组织内卷化及其制度逻辑: 基于对河南省A县和B市的调查 [J]. 中国农村观察, 2011 (6): 12-21.

[36] 樊英, 李明贤, 姚雪梅. "分户经营+专业化服务" 型烟农合作社服务能力指标体系的构建[J]. 农林经济管理学报, 2014, 13 (2): 129-136.

[37] 范小菲. 农业生产合作社标准化生产影响因素分析: 以四川省郫县锦宁韭黄生产合作社为例 [J]. 农村经济, 2011 (2): 108-110.

[38] 房引宁, 蒋丹璐, 赵敏娟. 流域治理的PPP政策满意度及其影响因素分析 [J]. 当代经济科学, 2017, 39 (3): 102-107.

[39] 菲利普·科特勒. 营销管理: 分析、计划、执行和控制 [M]. 梅汝和, 译. 上海: 上海人民出版社, 1999.

[40] 费孝通. 乡土中国: 生育制度 [M]: 北京: 北京大学出版社, 1998.

[41] 扶玉枝, 李琳琳, 赵兴泉. 合作社农业产业链服务供给及其影响因素分析 [J]. 农林经济管理学报, 2017, 16 (3): 285-292.

[42] 扶玉枝, 郑亮星, 赵兴泉. 社员对合作社服务需求及其影响因素分析: 基于浙江省的实证调查 [J]. 江苏农业科学, 2018, 46 (12): 301-305.

[43] 伽红凯, 王树进. 集中居住前后农户的福利变化及其影响因素分析: 基于对江苏省农户的调查 [J]. 中国农村观察, 2014 (1): 26-39.

[44] 高鸿业. 微观经济学原理 [J]. 北京：中国人民大学出版社，2012.

[45] 高进云，乔荣锋，张安录. 农地城市流转前后农户福利变化的模糊评价：基于森的可行能力理论 [J]. 管理世界，2007 (6)：45-55.

[46] 高进云. 农地城市流转中农民福利变化研究 [D]. 武汉：华中农业大学，2008.

[47] 高钰玲. 农民专业合作社服务功能：理论与实证研究 [D]. 杭州：浙江大学，2014.

[48] 龚道广. 农业社会化服务的一般理论及其对农户选择的应用分析 [J]. 中国农村观察，2000 (6)：25-34.

[49] 巩顺龙，白丽，杨印生. 农民专业合作组织的食品安全标准扩散功能研究 [J]. 经济纵横，2012 (1)：88-91.

[50] 苟茜，罗必良，王宣喻. 专用性投资、交易成本与农民入社行为选择 [J]. 农村经济，2018 (12)：62-66.

[51] 郭斐然，孔凡丕. 农业企业与农民合作社联盟是实现小农户与现代农业衔接的有效途径 [J]. 农业经济问题，2018 (10)：46-49.

[52] 郭红东，陈敏. 农户参与专业合作社的意愿及影响因素 [J]. 商业研究，2010 (6)：168-171.

[53] 郭红东，蒋文华. 影响农户参与专业合作经济组织行为的因素分析：基于对浙江省农户的实证研究 [J]. 中国农村经济，2004 (5)：10-16.

[54] 郭红东，袁路明，林迪. 影响社员对合作社满意度因素的分析 [J]. 西北农林科技大学学报（社会科学版），2009，9 (5)：32-36.

[55] 郭庆海. 小农户：属性、类型、经营状态及其与现代农业衔接 [J]. 农业经济问题，2018 (6)：25-37.

[56] 郭翔宇，张梅，颜华，等. 农村合作经济：组织、效率与国际比较 [M]. 北京：中国农业出版社，2018.

[57] 郭晓鸣. 四川柑橘产业发展及相关政策研究 [M]. 成都：四川科学技术出版社，2014.

[58] 哈尔·R. 范里安. 微观经济学：现代观点 [M]. 上海：格致出版社，2015.

[59] 韩国明，王兰针，詹海晨. 西北地区农户服务需求与农民合作基础研究：关于传统合作衰落与"合作难"的解释 [J]. 西北农林科技大学

学报（社会科学版），2013，13（5）：78-85.

［60］韩坚，尹国俊.农业生产性服务业：提高农业生产效率的新途径［J］.学术交流，2006（11）：107-110.

［61］韩俊，曹杰.将农民受益作为评判农村制度建设的关键［J］.中国合作经济，2009（12）：34-35.

［62］韩旭东，李德阳，王若男，等.盈余分配制度对合作社经营绩效影响的实证分析：基于新制度经济学视角［J］.中国农村经济，202（4）：56-77.

［63］郝爱民.农业生产性服务业对农业的影响：基于省级面板数据的研究［J］.财贸经济，2011（7）：97-102.

［64］何安华，孔祥智.农民专业合作社对社员服务供需对接的结构性失衡问题研究［J］.农村经济，2011（8）：6-9.

［65］何国平，刘殿国.产品差异化与农民专业合作社社员增收绩效［J］.华南农业大学学报（社会科学版），2016，15（5）：45-54.

［66］何国平，刘殿国.影响农民加入合作社的决策的因素：一个新制度经济学视角及其来自海南的经验证据［J］.江西财经大学学报，2016（2）：77-89.

［67］何慧丽.合作社如何"不空壳"［J］.人民论坛，2019（4）：67-69.

［68］何慧丽.农民合作的结构性力量之形成：以胡村合作社为例［J］.学习与探索，2007（3）：85-87.

［69］贺梅英，庄丽娟.农户对专业合作组织需求意愿的影响因素：基于广东荔枝主产区的调查［J］.华南农业大学学报（社会科学版），2012，11（1）：22-27.

［70］贺雪峰.新乡土中国：转型期乡村社会调查笔记［M］.桂林：广西师范大学出版社，2003.

［71］胡博，刘荣，丁维岱，等.Stata 统计分析与应用［M］.北京：电子工业出版社，2013.

［72］胡联.贫困地区农民专业合作社与农户收入增长：基于双重差分法的实证分析［J］.财经科学，2014（12）：117-126.

［73］胡旭初，孟丽君.顾客价值理论研究概述［J］.山西财经大学学报，2004（5）：109-113.

［74］胡原，曾维忠.人穷志短：农村贫困与志向失灵：基于中国家庭

追踪调查（CFPS）数据［J］.农业技术经济.2020（11）：96-109.

［75］黄凤，杨丹.农民合作社内部治理对其农业服务能力的影响：来自中国15省市的调查数据［J］.湖南农业大学学报（社会科学版），2014，15（6）：39-45.

［76］黄季焜，邓衡山，徐志刚.中国农民专业合作经济组织的服务功能及其影响因素［J］.管理世界，2010（5）：75-81.

［77］黄佩民，孙振玉，梁艳.农业社会化服务业与现代农业发展［J］.管理世界，1996（5）：175-182.

［78］黄胜忠.对新修订《农民专业合作社法》的学习与认识［J］.中国农民合作社，2018（7）：27.

［79］黄胜忠.利益相关者集体选择视角的农民合作社形成逻辑、边界与本质分析［J］.中国农村观察，2014（2）：18-25.

［80］黄胜忠.转型时期农民专业合作社的成长机制研究［J］.经济问题，2008（1）：87-90.

［81］黄文义，李兰英，童红卫，等.农户参与林业专业合作社的影响因素分析：基于浙江省的实证研究［J］.林业经济问题，2011，31（2）：102-105.

［82］黄仲先，杨玉，李健权，等.柑橘文化［M］.北京：中国农业出版社，2012.

［83］黄宗智.农业合作化路径选择的两大盲点：东亚农业合作化历史经验的启示［J］.开放时代，2015（5）：18-35.

［84］黄宗智.长江三角洲小农家庭与乡村发展［M］.上海：中华书局，2000.

［85］黄祖辉，高钰玲.农民专业合作社服务功能的实现程度及其影响因素［J］.中国农村经济，2012（7）：4-16.

［86］黄祖辉，邵科.合作社的本质规定性及其漂移［J］.浙江大学学报（人文社会科学版），2009，39（4）：11-16.

［87］黄祖辉，张晓山，郭红东，等.现代农业的产业组织体系及创新研究［M］.北京：科学出版社，2021.

［88］黄祖辉.改革开放四十年：中国农业产业组织的变革与前瞻［J］.农业经济问题，2018（11）：61-69.

［89］黄祖辉.农民合作：必然性、变革态势与启示［J］.中国农村经

济，2000（8）：4-8.

[90] 冀名峰. 农业生产性服务业：我国农业现代化历史上的第三次动能 [J]. 农业经济问题，2018（3）：9-15.

[91] 姜长云. 关于发展农业生产性服务业的思考 [J]. 农业经济问题，2016，37（5）：8-15.

[92] 姜长云. 农业生产性服务业发展模式举证：自安徽观察 [J]. 改革，2011（1）：74-82.

[93] 菲利普·科特勒. 市场营销管理 [M]. 王永贵，等译. 北京：中国人民大学出版社，1998.

[94] 课题组促进农民专业合作社健康发展研究. 空壳农民专业合作社的形成原因、负面效应与应对策略 [J]. 改革，2019（4）：39-47.

[95] 孔露，张红丽. 农户对合作社服务功能满意度的影响因素分析：基于对宜昌市部分柑桔专业合作社的调查 [J]. 中国南方果树，2016，45（1）：143-146.

[96] 孔祥智. 现行农村基本经营制度下农业现代化的主体研究 [J]. 新视野，2014（1）：67-70.

[97] 孔祥智. 合作与发展：成员异质性与农民合作社成长路径研究 [M]. 北京：经济科学出版社，2021.

[98] 孔祥智. 实现小农户与现代农业发展有机衔接 [M]. 北京：经济科学出版社，2018.

[99] 孔祥智. 新型农业社会化服务体系建设：供给侧视角 [M]. 北京：经济科学出版社，2020.

[100] 孔晓敏. 天水新民苹果种植专业合作社盈利模式及其财务评价研究 [D]. 兰州：西北师范大学，2020.

[101] 李丹，周宏，夏秋. 农业生产性服务采纳为什么存在结构性失衡？：一个来自环节风险异质性的探讨 [J]. 财经论丛，2021（4）：3-11.

[102] 李功奎，钟甫宁. 农地细碎化、劳动力利用与农民收入：基于江苏省经济欠发达地区的实证研究 [J]. 中国农村经济，2006（4）：42-48.

[103] 李琳琳，任大鹏. 不稳定的边界：合作社社员边界游移现象的研究 [J]. 东岳论丛，2014，35（4）：93-98.

[104] 李琳琳. 模糊的边界 [D]. 北京：中国农业大学，2014.

[105] 李敏，王礼力，郭海丽. 农户参与合作社意愿的影响因素分析：

基于陕西省杨凌示范区的数据 [J]. 云南社会科学，2015（3）：63-67.

[106] 李敏，杨涛，陈洪宇. 农民专业合作社组织化服务问题研究：来自陕西省49家农民专业合作社的数据 [J]. 世界农业，2019（3）：94-99.

[107] 李明慧，陈盛伟. 家庭农场对金融机构金融支持的满意度分析：基于山东省411户家庭农场的调查研究 [J]. 山东农业科学，2017，49（10）：161-167.

[108] 李荣耀. 农户对农业社会化服务的需求优先序研究：基于15省微观调查数据的分析 [J]. 西北农林科技大学学报（社会科学版），2015，15（1）：86-94.

[109] 李锐，李超. 农户借贷行为和偏好的计量分析 [J]. 中国农村经济，2007（8）：4-14.

[110] 李韬，罗剑朝，陈妍. 农户正规融资获贷笔数及影响分析：基于泊松门栏模型的微观实证研究 [J]. 农业技术经济，2014（5）：42-49.

[111] 李韬，罗剑朝. 农户土地承包经营权抵押贷款的行为响应：基于 Poisson Hurdle 模型的微观经验考察 [J]. 管理世界，2015（7）：54-70.

[112] 李雪松，黄彦彦. 房价上涨、多套房决策与中国城镇居民储蓄率 [J]. 经济研究，2015，50（9）：100-113.

[113] 李颖慧，李敬. 农业生产性服务供给渠道的有效性：农户收入和满意度视角：基于西南4省市问卷调查数据的实证分析 [J]. 西部论坛，2019，29（2）：53-63.

[114] 李颖慧，李敬. 中国农业生产性服务供给效率测算与影响因素研究：基于 DEA-Malmquist 指数和 Rough Set 方法 [J]. 重庆社会科学，2021（5）：6-16.

[115] 李玉新，靳乐山，徐福英. 乡村旅游专业合作社社员满意度研究：基于山东省莱芜市 C 村和 F 村的调查与比较 [J]. 西北农林科技大学学报（社会科学版），2013，13（1）：99-105.

[116] 李长生，刘西川. 土地流转的创业效应：基于内生转换 Probit 模型的实证分析 [J]. 中国农村经济，2020（5）：96-112.

[117] 连玉君，黎文素，黄必红. 子女外出务工对父母健康和生活满意度影响研究 [J]. 经济学（季刊）. 2015，14（1）：185-202.

[118] 梁巧，吴闻，刘敏，等. 社会资本对农民合作社社员参与行为及绩效的影响 [J]. 农业经济问题，2014，35（11）：71-79.

[119] 梁巧. 农民合作社社会资本：益处与困境 [M]. 杭州：浙江大学出版社，2021.

[120] 廖西元，陈庆根，王磊，等. 农户对水稻科技需求优先序 [J]. 中国农村经济，2004（11）：36-43.

[121] 廖小静，应瑞瑶，邓衡山，等. 收入效应与利益分配：农民合作效果研究：基于农民专业合作社不同角色农户受益差异的实证研究 [J]. 中国软科学，2016（5）：30-42.

[122] 廖媛红. 农民专业合作社的内部信任、产权安排与社员满意度 [J]. 西北农林科技大学学报（社会科学版），2013，13（5）：48-56.

[123] 廖媛红. 农民专业合作社内部社会资本对成员满意度的影响：以管理正规化程度为调节变量 [J]. 经济社会体制比较，2012（5）：169-182.

[124] 林毅夫. 制度、技术与中国农业发展 [M]. 北京：格致出版社，2014.

[125] 刘晗. 农户生产分工差别化影响研究 [D]. 重庆：西南大学，2017.

[126] 刘杰，李聪，咸东. 农民合作社社员身份的增收和减贫效应 [J]. 西北农林科技大学学报（社会科学版），2021，21（5）：65-75.

[127] 刘俊文. 农民专业合作社对贫困农户收入及其稳定性的影响：以山东、贵州两省为例 [J]. 中国农村经济，2017（2）：44-55.

[128] 刘文波，陈荣秋. 顾客感知价值研究的理论评述 [J]. 经济论坛，2008（11）：117-119.

[129] 刘晓倩，韩青. 农村居民互联网使用对收入的影响及其机理：基于中国家庭追踪调查（CFPS）数据 [J]. 农业技术经济，2018（9）：123-134.

[130] 刘颖娴. 农民专业合作社纵向一体化研究 [D]. 杭州：浙江大学，2015.

[131] 刘宇翔. 农民合作社功能结构与农民收入灰色关联分析 [J]. 西北农林科技大学学报（社会科学版），2016，16（6）：59-65.

[132] 刘宇荧，张社梅，傅新红. 农民专业合作社能否提高社员的收入？：基于参与模式的考察 [J]. 农村经济，2019（4）：71-79.

[133] 刘宇荧. 异质性成员合作收益能力、公平感知与持续合作倾向：基于四川省种植业合作社的实证 [D]. 雅安：四川农业大学，2019.

[134] 刘自敏, 杨丹. 分工与合作的农户增收效应研究: 基于农户自选择行为的分析 [J]. 西南大学学报 (自然科学版), 2014, 36 (6): 201-208.

[135] 楼栋, 孔祥智. 合作社提供农业社会化服务的 SWOT 分析 [J]. 中国农民合作社, 2013 (9): 43-45.

[136] 卢华, 胡浩, 耿献辉. 农业社会化服务对农业技术效率的影响 [J]. 中南财经政法大学学报, 2020 (6): 69-77.

[137] 芦千文. 农业生产性服务业发展研究述评 [J]. 当代经济管理, 2019, 41 (3): 38-44.

[138] 芦千文. 中国农业生产性服务业: 70 年发展回顾、演变逻辑与未来展望 [J]. 经济学家, 2019 (11): 5-13.

[139] 鲁可荣, 郭海霞. 农户视角下的农业社会化服务需求意向及实际满足度比较 [J]. 浙江农业学报, 2013, 25 (4): 890-896.

[140] 罗必良, 仇童伟, 张露, 等. 种粮的逻辑 [M]. 北京: 中国农业出版社, 2018.

[141] 罗必良, 胡新艳, 张露. 为小农户服务: 中国现代农业发展的 "第三条道路" [J]. 农村经济, 2021 (1): 1-10.

[142] 罗必良. "奥尔森困境" 及其困境 [J]. 学术研究, 1999 (9): 8-11.

[143] 罗必良. 农民合作组织: 偷懒、监督及其保障机制 [J]. 中国农村观察, 2007 (2): 26-37.

[144] 罗伯特·K. 殷. 案例研究: 设计与方法 [M]. 周海涛, 等译. 重庆: 重庆大学出版社, 2017.

[145] 罗尔斯 约翰. 正义论 [M]. 何怀宏, 等译. 北京: 中国社会科学出版社, 1988.

[146] 吕子文. 农民专业合作社对农户增收效果的实证分析 [D]. 咸阳: 西北农林科技大学, 2014.

[147] 马克思. 资本论 [M]. 上海: 三联书店, 2009.

[148] 阿弗里德·马歇尔. 经济学原理: 珍藏本 [M]. 廉运杰, 北京: 华夏出版社, 2012.

[149] 马彦丽, 何苏娇. 对 "空壳社" 清理中 "规范办社" 的认识 [J]. 中国合作经济, 2019 (5): 14-16.

[150] 马彦丽, 胡一宁, 郗悦平. 中国农民专业合作社的异化及未来

发展 [J]. 农村经济, 2018 (5): 104-109.

[151] 马彦丽, 林坚. 集体行动的逻辑与农民专业合作社的发展 [J]. 经济学家, 2006 (2): 40-45.

[152] 马彦丽, 施轶坤. 农户加入农民专业合作社的意愿、行为及其转化: 基于 13 个合作社 340 个农户的实证研究 [J]. 农业技术经济, 2012 (6): 101-108.

[153] 马彦丽. 论中国农民专业合作社的识别和判定 [J]. 中国农村观察, 2013 (3): 65-71.

[154] 马彦丽. 我国农民专业合作社的制度解析 [D]. 杭州: 浙江大学, 2006.

[155] 毛飞, 王旭, 孔祥智. 农民专业合作社融资服务供给及其影响因素 [J]. 中国软科学, 2014 (7): 26-39.

[156] 毛文坤, 王明东, 杨子刚, 等. 影响社员对农民专业合作社满意度的因素分析: 基于对吉林省 340 个社员的调查 [J]. 吉林农业大学学报, 2012, 34 (6): 697-704.

[157] 冒佩华, 徐骥. 农地制度、土地经营权流转与农民收入增长 [J]. 管理世界, 2015 (5): 63-74.

[158] 孟枫平. 农民专业合作社可持续发展研究 [M]. 北京: 中国农业出版社, 2014.

[159] 牟爱州. 小麦种植大户农业新技术需求意愿影响因素分析: 基于河南省 790 户小麦种植大户的调查数据 [J]. 南方农业学报, 2016, 47 (4): 684-690.

[160] 倪细云. 菜农参与蔬菜专业合作社的意愿及影响因素: 基于 3 省 607 户的调查分析 [J]. 西北农林科技大学学报 (社会科学版), 2014, 14 (3): 45-52.

[161] 牛玉珊, 祁春节. 我国柑橘鲜果营销渠道优化探讨: 基于交易成本视角的分析 [J]. 价格理论与实践, 2011 (1): 74-75.

[162] 农业部农村经济体制与经营管理司, 农业部农村合作经济经营管理总站, 农业部管理干部学院, 等. 中国农民专业合作社发展报告 (2007—2016) [M]. 北京: 中国农业出版社, 2017: 6.

[163] 潘传快, 祁春节. 农业合作社生产控制权让渡分析: 以赣南柑橘为例 [J]. 农业技术经济, 2015 (11): 90-98.

[164] 潘劲. 对农民专业合作社社员边界问题的思考 [J]. 理论研究, 2013 (2): 69-73.

[165] 潘劲. 中国农民专业合作社: 数据背后的解读 [J]. 中国农村观察, 2011 (6): 2-11.

[166] 彭斯, 陈玉萍. 农户绿色生产技术采用行为及其对收入的影响: 以武陵山茶叶主产区为例 [J]. 中国农业大学学报, 2022, 27 (2): 243-255.

[167] 朋文欢, 黄祖辉. 农民专业合作社有助于提高农户收入吗?: 基于内生转换模型和合作社服务功能的考察 [J]. 西北农林科技大学学报 (社会科学版), 2017, 17 (4): 57-66.

[168] 朋文欢, 傅琳琳. 贫困地区农户参与合作社的行为机理分析: 来自广西富川县的经验 [J]. 农业经济问题, 2018 (11): 134-144.

[169] 朋文欢. 农民合作社减贫: 理论与实证研究 [D]. 杭州: 浙江大学, 2019.

[170] 秦愚. 利用新集体行动理论揭示农民合作社制度 [J]. 农业经济问题, 2018 (3): 33-45.

[171] 邱海兰, 唐超. 农业生产性服务能否促进农民收入增长 [J]. 广东财经大学学报, 2019, 34 (5): 100-112.

[172] 曲朦, 赵凯. 粮食主产区农户农业社会化服务采用: 增收效应及要素贡献分解 [J]. 农村经济, 2021 (5): 118-126.

[173] 戎承法, 楼栋. 专业合作基础上发展资金互助的效果及其影响因素分析: 基于九省 68 家开展资金互助业务的农民专业合作社的调查 [J]. 农业经济问题, 2011, 32 (10): 89-95.

[174] 邵峰. 实施乡村振兴战略 将合作经济发展推向新阶段 [J]. 中国合作经济, 2017 (12): 39-40.

[175] 邵科, 黄祖辉. 农民专业合作社社员参与行为、效果及作用机理 [J]. 西北农林科技大学学报 (社会科学版), 2014, 14 (6): 45-50.

[176] 邵科, 徐旭初. 合作社社员参与: 概念、角色与行为特征 [J]. 经济学家, 2013 (1): 85-92.

[177] 邵科. 农民专业合作社社员参与行为研究 [D]. 杭州: 浙江大学, 2012.

[178] 邵科. 新修订《农民专业合作社法》的新变化、新趋势 [J]. 中国农民合作社, 2018 (8): 38.

[179] 沈鹭，王雨林，刘胜林，等.农民专业合作社与组织农村劳动力非农就业关系探讨 [J].世界农业，2017 (9)：69-74.

[180] 沈兴兴，刘帅，尚旭东.农业生产性服务供求关系演变趋势与功能优化研究 [J].农村经济，2021 (6)：129-136.

[181] 施晟，卫龙宝，伍骏骞."农超对接"进程中农产品供应链的合作绩效与剩余分配：基于"农户+合作社+超市"模式的分析 [J].中国农村观察，2012 (4)：14-28.

[182] 石绍宾.农民专业合作社与农业科技服务提供：基于公共经济学视角的分析 [J].经济体制改革，2009 (3)：94-98.

[183] 石旭斋.合作社社员权益保障的价值取向 [J].财贸研究，2006 (4)：135-141.

[184] 舒尔茨.改造传统农业 [M].北京：商务印书馆，1987：48-62.

[185] 宋金田，祁春节.交易成本对农户农产品销售方式选择的影响：基于对柑橘种植农户的调查 [J].中国农村观察，2011 (5)：33-44.

[186] 苏岚岚，孔荣.互联网使用促进农户创业增益了吗?：基于内生转换回归模型的实证分析 [J].中国农村经济，2020 (2)：62-80.

[187] 苏群，陈杰.农民专业合作社对稻农增收效果分析：以江苏省海安县水稻合作社为例 [J].农业技术经济，2014 (8)：93-99.

[188] 苏群，江淑斌，刘明轩.农户参与专业合作社的影响因素分析 [J].江西社会科学，2012，32 (9)：197-200.

[189] 孙亚范，余海鹏.农民专业合作社社员合作意愿及影响因素分析 [J].中国农村经济，2012 (6)：48-58.

[190] 孙亚范，余海鹏.农民专业合作社制度安排对成员行为及组织绩效影响研究 [J].南京农业大学学报 (社会科学版)，2012 (4)：61-69.

[191] 孙亚范.现阶段我国农民合作需求与意愿的实证研究和启示：对江苏农户的实证调查与分析 [J].江苏社会科学，2003 (1)：204-208.

[192] 孙艳华，晏书诚.内部信任对社员合作意愿与参与行为的影响 [J].湖南农业大学学报 (社会科学版)，2018，19 (3)：46-52.

[193] 孙艳华，周力，应瑞瑶.农民专业合作社增收绩效研究：基于江苏省养鸡农户调查数据的分析 [J].南京农业大学学报 (社会科学版)，2007 (2)：22-27.

[194] 谭智心，孔祥智.不完全契约、内部监督与合作社中小社员激

励：合作社内部"搭便车"行为分析及其政策含义 [J]. 中国农村经济，2012（7）：17-28.

[195] 唐宗焜. 合作社功能和社会主义市场经济 [J]. 经济研究，2007（12）：11-23.

[196] 唐宗焜. 合作社真谛 [M]. 北京：知识产权出版社，2012.

[197] 田野. 农民专业合作社流通服务功能发挥的影响分析 [J]. 农业技术经济，2016（2）：92-102.

[198] 万江红，祁秋燕. 合作社服务功能需求优先序研究 [J]. 学习与实践，2016（8）：86-96.

[199] 王博. 合作社社员资格的法律制度探析 [J]. 华北电力大学学报（社会科学版），2013（3）：55-60.

[200] 王昌海. 效率、公平、信任与满意度：乡村旅游合作社发展的路径选择 [J]. 中国农村经济，2015（4）：59-71.

[201] 王春超，叶琴. 中国农民工多维贫困的演进：基于收入与教育维度的考察 [J]. 经济研究，2014，49（12）：159-174.

[202] 王高. 顾客价值与企业竞争优势：以手机行业为例 [J]. 管理世界，2004（10）：97-106.

[203] 王会丽. 顾客价值研究理论综述 [J]. 法制与社会，2007（2）：535-536.

[204] 王慧玲，孔荣. 正规借贷促进农村居民家庭消费了吗？：基于PSM方法的实证分析 [J]. 中国农村经济，2019（8）：72-90.

[205] 王克亚，刘婷，邹宇. 欠发达地区农户参与专业合作社意愿调查研究 [J]. 经济纵横，2009（7）：71-73.

[206] 王丽佳，霍学喜. 合作社成员与非成员交易成本比较分析：以陕西苹果种植户为例 [J]. 中国农村观察，2013（3）：54-64.

[207] 王丽佳，霍学喜. 社员对合作社满意度影响因素研究 [J]. 华中农业大学学报（社会科学版），2016（1）：47-55.

[208] 王丽佳. 交易成本视角的农户合作交易模式研究 [D]. 咸阳：西北农林科技大学，2013.

[209] 王军，苑鹏，马旺林. 农民专业合作社示范社的示范效应分析：基于8省12县市614家农民专业合作社的比较研究 [J]. 学习与实践，2021（1）：29-41.

[210] 王图展. 自生能力、外部支持与农民合作社服务功能 [J]. 农业经济问题, 2017, 38 (5): 14-27.

[211] 王锡秋. 顾客价值及其评估方法研究 [J]. 南开管理评论, 2005 (5): 33-36.

[212] 王小林, SABINA A. 中国多维贫困测量: 估计和政策含义 [J]. 中国农村经济, 2009 (12): 4-10.

[213] 王永贵, 汪寿阳, 吴照云, 等. 深入贯彻落实习近平总书记在哲学社会科学工作座谈会上的重要讲话精神 加快构建中国特色管理学体系 [J]. 管理世界, 2021, 37 (6): 1-35.

[214] 王玉斌, 李乾. 农业生产性服务、粮食增产与农民增收: 基于CHIP 数据的实证分析 [J]. 财经科学, 2019 (3): 92-104.

[215] 王云, 张光强, 霍学喜. 合作社提高了种植户的增收能力吗?: 来自陕西省 600 户苹果种植户的经验证据 [J]. 西北农林科技大学学报 (社会科学版), 2017, 17 (3): 95-103.

[216] 王钊, 刘晗, 曹峥林. 农业社会化服务需求分析: 基于重庆市191 户农户的样本调查 [J]. 农业技术经济, 2015 (9): 17-26.

[217] 王真. 合作社治理机制对社员增收效果的影响分析 [J]. 中国农村经济, 2016 (6): 39-50.

[218] 王祖力, 肖海峰. 化肥施用对粮食产量增长的作用分析 [J]. 农业经济问题, 2008 (8): 65-68.

[219] 韦惠兰, 赵龙. 畜牧业合作社社员参与度及影响因素分析 [J]. 甘肃社会科学, 2018 (1): 153-157.

[220] 韦惠兰, 赵龙. 基于"说服效应"的高寒牧区畜牧业合作社成员满意度及其影响因素研究 [J]. 西南民族大学学报 (人文社科版), 2017, 38 (7): 103-109.

[221] 温涛, 冉光和, 熊德平. 中国金融发展与农民收入增长 [J]. 经济研究, 2005 (9): 30-43.

[222] 温涛, 王小华, 杨丹, 等. 新形势下农户参与合作经济组织的行为特征、利益机制及决策效果 [J]. 管理世界, 2015 (7): 82-97.

[223] 温雪, 范雅静, 李琪. 农户参加农民专业合作社对其收入和金融资产的影响研究 [J]. 财经理论与实践, 2019, 40 (3): 149-154.

[224] 肖友利, 刘凤. 社员对专业合作社满意度影响因素分析: 基于

对成都农民专业合作社调研的实证研究［J］.经济与管理，2012，26（9）：29-32.

［225］肖友利.成都市合作社社员满意度的影响因素研究［D］.成都：西南交通大学，2013.

［226］徐光顺，蒋远胜，王玉峰.技术与农户普惠金融［J］.农业技术经济，2018（4）：98-110.

［227］徐建春，李长斌，徐之寒，等.农户加入土地股份合作社意愿及满意度分析：基于杭州4区387户农户的调查［J］.中国土地科学，2014，28（10）：4-11.

［228］徐娜，王伟斌，盛伟国.农民专业合作社信息化服务体系创新研究：基于信息技术视角［J］.资源开发与市场，2016，32（3）：350-354.

［229］徐旭初，吴彬.异化抑或创新？：对中国农民合作社特殊性的理论思考［J］.中国农村经济，2017（12）：2-17.

［230］徐旭初，吴彬.合作社是小农户和现代农业发展有机衔接的理想载体吗？［J］.中国农村经济，2018（11）：80-95.

［231］徐旭初，吴彬.贫困中的合作：贫困地区农村合作组织发展研究［M］.杭州：浙江大学出版社，2016.

［232］徐旭初.农民专业合作经济组织的制度分析［D］.杭州：浙江大学，2005.

［233］徐旭初.如何看待没有"惠顾"的惠顾问题［J］.中国农民合作社，2018（8）：35.

［234］徐旭初.谈谈合作社的真假：先谈"理想类型"［J］.中国农民合作社，2015（11）：44.

［235］徐旭初.谈谈社员与合作社的交易问题［J］.中国农民合作社，2018（9）：44.

［236］徐旭初.中国农民合作社发展报告2019［M］.杭州：浙江大学出版社，2020.

［237］徐志刚，谭鑫，廖小静.农民合作社核心社员社会资本与政策资源获取及社员受益差异［J］.南京农业大学学报（社会科学版），2017，17（6）：82-91.

［238］徐志刚，朱哲毅，邓衡山，等.产品溢价、产业风险与合作社统一销售：基于大小户的合作博弈分析［J］.中国农村观察，2017（5）：

102-115.

[239] 徐志刚，应瑞瑶，邓衡山，等.转型背景下中国农民合作社发展理论与经验 [M].北京：科学出版社，2021.

[240] 许佳彬，王洋.农业生产性服务对玉米生产技术效率的影响研究：基于微观数据的实证分析 [J].中国农业资源与区划，2021，42（7）：27-36.

[241] 许庆，尹荣梁，章辉.规模经济、规模报酬与农业适度规模经营：基于我国粮食生产的实证研究 [J].经济研究，2011，46（3）：59-71.

[242] 斯密·国富论（上卷）[M].杨敬年，译.上海：商务印书馆，2014.

[243] 闫贝贝，张强强，刘天军.手机使用能促进农户采用IPM技术吗 [J].农业技术经济，2020（5）：45-59.

[244] 闫晗，乔均.农业生产性服务业对粮食生产的影响：基于2008—2017年中国省级面板数据的实证研究 [J].商业研究，2020（8）：107-118.

[245] 杨传喜，张俊飚，徐卫涛.农户技术需求的优先序及影响因素分析：以河南、山东等食用菌主产区种植户为例 [J].西北农林科技大学学报（社会科学版），2011，11（1）：41-47.

[246] 杨丹，刘自敏，徐旭初.治理结构、要素投入与合作社服务绩效 [J].财贸研究，2016，27（2）：85-94.

[247] 杨丹，刘自敏.农户专用性投资、农社关系与合作社增收效应 [J].中国农村经济，2017（5）：45-57.

[248] 杨丹.合作社发展方向：农业社会化服务市场中的社企竞争合作 [J].中国农民合作社，2019（3）：47.

[249] 杨丹.市场竞争结构、农业社会化服务供给与农户福利改善 [J].经济学动态，2019（4）：63-79.

[250] 杨晶，邓大松，吴海涛.中国城乡居民养老保险制度的家庭收入效应：基于倾向得分匹配（PSM）的反事实估计 [J].农业技术经济，2018（10）：48-56.

[251] 杨立社，杨彤.农民专业合作社内部信用合作参与意愿 [J].西北农林科技大学学报（社会科学版），2018，18（6）：107-113.

[252] 杨龙，汪三贵.贫困地区农户的多维贫困测量与分解：基于2010

年中国农村贫困监测的农户数据 [J]. 人口学刊，2015，37 (2): 15-25.

[253] 杨龙，王永贵. 顾客价值及其驱动因素剖析 [J]. 管理世界，2002 (6): 146-147.

[254] 杨爽，余国新. 农户对不同社会化服务的需求及模式选择：基于新疆 784 个样本农户的调查 [J]. 调研世界，2013 (3): 32-37.

[255] 杨雪，王礼力. 社员对农民专业合作社满意度的影响因素分析 [J]. 北方园艺，2014 (21): 209-212.

[256] 杨雪. 农民专业合作社社员满意度研究 [D]. 咸阳：西北农林科技大学，2015.

[257] 杨雪梅，王征兵，刘婧. 信任、风险感知与合作社社员参与行为 [J]. 农村经济，2018 (4): 117-123.

[258] 姚瑞卿，姜太碧. 农户行为与"邻里效应"的影响机制 [J]. 农村经济，2015 (4): 40-44.

[259] 姚树荣，熊雪锋. 宅基地权利分置的制度结构与农户福利 [J]. 中国土地科学，2018，32 (4): 16-23.

[260] 叶敬忠，豆书龙，张明皓. 小农户和现代农业发展：如何有机衔接？[J]. 中国农村经济，2018 (11): 64-79.

[261] 叶志桂. 西方顾客价值研究理论综述 [J]. 北京工商大学学报 (社会科学版)，2004 (4): 11-15.

[262] 伊藤顺一，包宗顺，苏群. 农民专业合作社的经济效果分析：以南京市西瓜合作社为例 [J]. 中国农村观察，2011 (5): 2-13.

[263] 游和远，吴次芳，鲍海君. 农地流转、非农就业与农地转出户福利：来自黔浙鲁农户的证据 [J]. 农业经济问题，2013，34 (3): 16-25.

[264] 袁雪霈. 合作社对苹果种植户安全生产行为的影响研究 [D]. 咸阳：西北农林科技大学，2019.

[265] 苑鹏，曹斌，崔红志. 空壳农民专业合作社的形成原因、负面效应与应对策略 [J]. 改革，2019 (4): 39-47.

[266] 苑鹏，崔红志，杨一介，等. 小农户与现代农业发展有机衔接路径探究 [M]. 北京：中国社会科学出版社，2019.

[267] 苑鹏，彭莹莹. 农民专业合作社开展信用合作的现状研究 [J]. 农村经济，2013 (4): 3-6.

[268] 苑鹏. "公司+合作社+农户"下的四种农业产业化经营模式探

析：从农户福利改善的视角 [J]. 中国农村经济, 2013 (4): 71-78.

[269] 苑鹏. 农民专业合作组织与农业社会化服务体系建设 [J]. 农村经济, 2011 (1): 3-5.

[270] 苑鹏. 中国农村市场化进程中的农民合作组织研究 [J]. 中国社会科学, 2001 (6): 63-73.

[271] 张博, 胡金焱, 范辰辰. 社会网络、信息获取与家庭创业收入：基于中国城乡差异视角的实证研究 [J]. 经济评论, 2015 (2): 52-67.

[272] 张超, 吴春梅. 合作社公共服务满意度实证研究：基于 290 户中小社员的调查证据 [J]. 经济学家, 2015 (3): 15-22.

[273] 张超, 吴春梅. 合作社提供公共服务：一个公共经济学的解释 [J]. 华中农业大学学报 (社会科学版), 2014 (4): 63-69.

[274] 张超. 合作社公共服务效率及其影响因素分析：基于浙江省的调查 [J]. 财贸研究, 2016, 27 (3): 63-71.

[275] 张超. 区域合作社提供公共服务的效率评价体系及其验证 [J]. 财贸研究, 2014, 25 (4): 57-63.

[276] 张德峰. 合作社集体社员权论 [J]. 政法论坛, 2014, 32 (5): 3-12.

[277] 张广胜, 周娟, 周密. 农民对专业合作社需求的影响因素分析：基于沈阳市 200 个村的调查 [J]. 农业经济问题, 2007 (11): 68-73.

[278] 张恒, 郭翔宇. 农业生产性服务、农业技术进步与农民增收：基于中介效应与面板门槛模型的分析 [J]. 农业现代化研究, 2021, 42 (4): 652-663.

[279] 张恒, 郭翔宇. 农业生产性服务业发展与农业全要素生产率提升：地区差异性与空间效应 [J]. 农业技术经济, 2021 (5): 93-107.

[280] 张红宇, 胡凌啸. 构建有中国特色的农业社会化服务体系 [J]. 行政管理改革, 2021 (10): 75-81.

[281] 张红宇. 农业生产性服务业的历史机遇 [J]. 农业经济问题, 2019 (6): 4-9.

[282] 张红云. 农民对专业合作社需求的影响因素分析：基于湖南省 180 户农户的问卷调查 [J]. 江西农业大学学报 (社会科学版), 2009, 8 (1): 63-67.

[283] 张晋华, 冯开文, 黄英伟. 农民专业合作社对农户增收绩效的

实证研究［J］.中国农村经济，2012（9）：4-12.

［284］张晶渝，杨庆媛.不同生计资产配置的休耕农户福利变化研究：云南省休耕试点区实证［J］.中国土地科学，2019，33（2）：25-32.

［285］张连刚，柳娥.组织认同、内部社会资本与合作社成员满意度：基于云南省263个合作社成员的实证分析［J］.中国农村观察，2015（5）：39-50.

［286］张连刚.组织支持感对合作社社员满意度的影响研究：以社员参与为调节变量［J］.统计与信息论坛，2014，29（12）：84-91.

［287］张美珍，陈冲，李录堂.农民参与新型专业合作社影响因素分析［J］.商业研究，2010（2）：146-148.

［288］张梦琳.农村宅基地流转前后农户福利差异及其影响因素分析：以河南四市为例［J］.南京农业大学学报（社会科学版），2017，17（2）：92-101.

［289］张明立，樊华，于秋红.顾客价值的内涵、特征及类型［J］.管理科学，2005（2）：71-77.

［290］张启文，周洪鹏，吕拴军，等.农户参与合作社意愿的影响因素分析：以黑龙江省阿城市料甸乡为例［J］.农业技术经济，2013（3）：98-104.

［291］张强强，霍学喜，刘军弟.合作社农技服务社员满意度及其影响因素分析：基于299户果农社员的调查［J］.湖南农业大学学报（社会科学版），2017，18（4）：8-15.

［292］张庆亮，刘品，胡联，等.农民专业合作社对农户收入增加的影响：以怀远石榴专业合作社为例［J］.经济与管理，2017，31（4）：39-42.

［293］张瑞荣，方园，李直，等.牧户加入牧民专业合作社的影响因素研究：以内蒙古牧区为例［J］.中央民族大学学报（哲学社会科学版），2018，45（2）：54-64.

［294］张天佐.提升农民合作社发展质量 助力乡村全面振兴［J］.农村经营管理.2019（1）：1.

［295］张晓敏，姜长云.不同类型农户对农业生产性服务的供给评价和需求意愿［J］.经济与管理研究，2015，36（8）：70-76.

［296］张晓山.关于中国农民合作社可持续发展的几个问题［J］.中国合作经济，2014（10）：4-6.

[297] 张晓山. 农民专业合作社的发展趋势探析 [J]. 管理世界, 2009 (5)：89-96.

[298] 张学会. 农民专业合作社纵向一体化研究 [D]. 咸阳：西北农林科技大学, 2014.

[299] 张颖, 任大鹏. 论农民专业合作社的规范化：从合作社的真伪之辩谈起 [J]. 农业经济问题, 2010, 31 (4)：41-45.

[300] 张颖. 农民专业合作社社会责任研究：以种植类合作社为例 [D]. 咸阳：西北农林科技大学, 2018.

[301] 章磷, 田媛, 王昕博, 等. 黑龙江省农民种植合作社带动农户增收效果研究 [J]. 北方园艺, 2018 (17)：189-196.

[302] 赵昶, 董翀. 民主增进与社会信任提升：对农民合作社"意外性"作用的实证分析 [J]. 中国农村观察, 2019 (6)：45-58.

[303] 赵佳荣. 农户对专业合作社的需求及其影响因素比较：基于湖南省两类地区农户的实证分析 [J]. 中国农村经济, 2008 (11)：18-26.

[304] 赵黎. 公共服务合作生产与农民合作社转型：理论基础与发展前景 [J]. 中国农民合作社, 2019 (4)：37.

[305] 赵晓峰, 余方. 农民分化、社会互动与农户参与合作社的行为决策机制研究：基于3县6社358户调查问卷的实证分析 [J]. 云南行政学院学报, 2016, 18 (4)：13-17.

[306] 赵晓峰, 赵祥云. 新型农业经营主体社会化服务能力建设与小农经济的发展前景 [J]. 农业经济问题, 2018 (4)：99-107.

[307] 赵晓峰. 模糊的边界与组织边界再生产：合作社信用合作的生长机制考察 [J]. 学习与实践, 2018 (9)：95-103.

[308] 赵鑫, 张正河, 任金政. 农业生产性服务对农户收入有影响吗：基于800个行政村的倾向得分匹配模型实证分析 [J]. 农业技术经济, 2021 (1)：32-45.

[309] 郑风田, 王若男, 刘爽, 等. 合作社自办企业能否更好地带动农户增收？：基于纵向外部性与不完全契约理论 [J]. 中国农村经济, 2021 (8)：80-102.

[310] 钟颖琦, 黄祖辉, 吴林海. 农户加入合作社意愿与行为的差异分析 [J]. 西北农林科技大学学报（社会科学版）, 2016, 16 (6)：66-74.

[311] 钟真, 程瑶瑶. 奶农专业合作社的农业社会化服务功能研究

[J]. 农业经济与管理, 2013 (4): 12-20.

[312] 钟真. 中国新型农业经营主体发展的逻辑: 内在机制与实践案例 [M]. 北京: 经济科学出版社, 2020.

[313] 周霞, 周玉玺. 能人带动、组织承诺与农民专业合作社社员满意度研究: 基于差序格局调节效应的跨层次分析 [J]. 经济与管理评论, 2018, 34 (5): 84-96.

[314] 周应恒, 胡凌啸. 中国农民专业合作社还能否实现"弱者的联合"?: 基于中日实践的对比分析 [J]. 中国农村经济, 2016 (6): 30-38.

[315] 周宇, 赵敏娟, 康健. 社会资本对农户参与合作社决策行为的影响 [J]. 农业现代化研究, 2019, 40 (2): 226-233.

[316] 周振, 孔祥智. 盈余分配方式对农民合作社经营绩效的影响: 以黑龙江省克山县仁发农机合作社为例 [J]. 中国农村观察, 2015 (5): 19-30.

[317] 朱红根, 陈昭玖, 翁贞林, 等. 稻作经营大户对专业合作社需求的影响因素分析: 基于江西省385个农户调查数据 [J]. 农业经济问题, 2008 (12): 71-78.

[318] 朱欢, 王鑫. "绿水青山"的福利效应: 基于居民生活满意度的实证研究 [J]. 中国经济问题, 2019 (4): 109-123

[319] 朱哲毅, 邓衡山, 应瑞瑶. 价格谈判、质量控制与农民专业合作社农资购买服务 [J]. 中国农村经济, 2016 (7): 48-58.

[320] 朱哲毅, 宁可, 应瑞瑶. 农民专业合作社的"规范"与"规范"合作社 [J]. 中国科技论坛, 2018 (1): 102-107.

[321] 朱哲毅. 农民专业合作社服务功能、利益机制与现实选择逻辑 [D]. 南京: 南京农业大学, 2017.

[322] 庄丽娟, 贺梅英, 张杰. 农业生产性服务需求意愿及影响因素分析: 以广东省450户荔枝生产者的调查为例 [J]. 中国农村经济, 2011 (3): 70-78.

[323] ABEBAW D, HAILE M G. The impact of cooperatives on agricultural technology adoption: Empirical evidence from Ethiopia [J]. Food Policy. 2013, 38: 82-91.

[324] AKTER S, GATHALA M K, TIMSINA J, et al. Adoption of conservation agriculture-based tillage practices in the rice-maize systems in Bangla-

desh [J]. World Development Perspectives, 2021, 21: 1-12.

[325] AJATES R. An integrated conceptual framework for the study of agricultural cooperatives: from repolitisation to cooperative sustainability [J]. Journal of Rural Studies. 2020, 78: 467-479.

[326] ANANG B T, ASANTE B O. Farm household access to agricultural services in northern Ghana [J]. Heliyon. 2020, 6 (11): e5517.

[327] ASFAW S, KASSIE M, SIMTOWE F. Poverty reduction effects of agricultural technology adoption: a micro-evidence from rural Tanzania [J]. Journal of Development Studies, 2012, 48 (9): 1288-1305.

[328] AUMANN R J. Survey of repeated games [J]. Essays in game theory and mathematical economics in honor of Oskar Morgenstern, 1981.

[329] BARTON D G. FCStone Conversion to a Public Corporation [J]. Journal of Cooperatives, 2009, 23: 183-202.

[330] BECERRIL J, ABDULAI A. The impact of improved maize varieties on poverty in Mexico: a propensity score-matching approach [J]. World Development, 2010, 38 (7): 1024-1035.

[331] BECKER G S. A note on restaurant pricing and other examples of social influences on price [J]. Journal of political economy, 1991, 99 (5): 1109-1116.

[332] BERNARD T, SPIELMAN D J. Reaching the rural poor through rural producer organizations? A study of agricultural marketing cooperatives in Ethiopia [J]. Food policy, 2009, 34 (1): 60-69.

[333] BISWAS B, MALLICK B, ROY A, et al. Impact of agriculture extension services on technical efficiency of rural paddy farmers in southwest Bangladesh [J]. Environmental Challenges. 2021, 5: 100261.

[334] BONUS H. The cooperative association as a business enterprise: a study in the economics of transactions [J]. Journal of Institutional and Theoretical Economics (JITE) /Zeitschrift für die gesamte Staatswissenschaft, 1986: 310-339.

[335] BRAVO-URETA B E, LEE T C. Socioeconomic and technical characteristics of New England dairy cooperative members and nonmembers [J]. Journal of Agricultural Cooperation, 1988, 3: 12-27.

［336］ BREITENBACH R, BRANDÃO J B. Factors that contribute to satisfaction in cooperator – cooperative relationships ［J］. Land Use Policy. 2021, 105: 105432.

［337］ BRUYNIS C L, GOLDSMITH P D, HAHN D E, et al. Key success factors for emerging agricultural marketing cooperatives ［J］. Journal of Cooperatives, 2000, 16: 14-24.

［338］ CHADDAD F R, COOK M L. Understanding new cooperative models: an ownership – control rights typology ［J］. Applied Economic Perspectives and Policy, 2004, 26（3）: 348-360.

［339］ CHAKRAVARTY R. IT at milk collection centers in cooperative diaries: the national diary development board experience ［J］. Information and Communication Technology in Development: Cases from India, Sage Publications, India, 2000（2）: 37-47.

［340］ CHAPLIN H, DAVIDOVA S, GORTON M. Agricultural adjustment and the diversification of farm households and corporate farms in Central Europe ［J］. Journal of rural studies, 2004, 20（1）: 61-77.

［341］ CHARLES L. The nature of cooperatives ［J］. Rural Cooperatives, 2012, 13（1）: 32-35.

［342］ COFFEY W J, BAILLY A S. Producer services and flexible production: an exploratory analysis ［J］. Growth and Change, 1991, 22（4）: 95-117.

［343］ COOK M L, CHADDAD F R, ILIOPOULOS C. Advances in cooperative theory since 1990: A review of agricultural economics literature ［M］. Erasmus University Rotterdam, Rotterdam School of Management, 2004: 65-86.

［344］ COOK M L. The future of US agricultural cooperatives: A neo-institutional approach ［J］. American journal of agricultural economics, 1995, 77（5）: 1153-1159.

［345］ COOK. The Future of U. S. Agricultural Cooperatives: A Neo-Institutional Approach ［J］. American Journal of Agricultural Economics, 1995, 77（5）: 1153-1159.

［346］ DAKURAH H A, GODDARD E W, OSUTEYE N. Attitudes towards and satisfaction with cooperatives in Alberta: A survey analysis ［R］. 2005.

［347］ DIAZ – SERRANO L, RODRÍGUEZ – POSE A. Decentralization, happiness, and the perception of institutions [J]. 2011.

[348] DWORKIN R. What is Equality? Part 1: Equality of Welfare [J]. Philosophy & Public Affairs, Summer, 1998, 10 (3): 185-246.

[349] EASTERLIN R A. Will raising the incomes of all increase the happiness of all? [J]. Journal of Economic Behavior & Organization, 1995, 27 (1): 35-47.

[350] FEINERMAN E, FALKOVITZ M S. An agricultural multipurpose service cooperative: Pareto optimality, price-tax solution, and stability [J]. Journal of Comparative Economics, 1991, 15 (1): 95-114.

[351] FERNANDO S, GARNEVSKA E, RAMILAN T, et al. Organisational attributes of cooperatives and farmer companies [J]. Journal of Co-operative Organization and Management, 2021, 9 (1): 100132.

[352] FIGUEIREDO V, FRANCO M. Factors influencing cooperator satisfaction: A study applied to wine cooperatives in Portugal [J]. Journal of Cleaner Production, 2018, 191: 15-25.

[353] FISCHER E, QAIM M. Linking smallholders to markets: determinants and impacts of farmer collective action in kenya [J]. World Development, 2012, 40 (6): 1255-1268.

[354] FULTON M, GIANNAKAS K. Organizational commitment in a mixed oligopoly: Agricultural cooperatives and investor-owned firms [J]. American journal of agricultural economics, 2001, 83 (5): 1258-1265.

[355] FULTON, MURRAY. The future of canadian agricultural cooperatives: a property rights approach [J]. American Journal of Agricultural Economics, 1995, 77 (5): 1144-1152.

[356] GALDEANO-GÓMEZ E, CÉSPEDES-LORENTE J, RODRÍGUEZ-RODRÍGUEZ M. Productivity and environmental performance in marketing cooperatives: an analysis of the Spanish horticultural sector [J]. Journal of Agricultural Economics, 2006, 57 (3): 479-500.

[357] GAVA O, ARDAKANI Z, DELALIĆ A, et al. Agricultural cooperatives contributing to the alleviation of rural poverty. The case of Konjic (Bosnia and Herzegovina) [J]. Journal of Rural Studies. 2021, 82: 328-339.

[358] GIRMA Y, KUMA B. A meta analysis on the effect of agricultural

extension on farmers' market participation in Ethiopia [J]. Journal of Agriculture and Food Research, 2022, 7: 100253.

[359] HAO J, BIJMAN J, GARDEBROEK C, et al. Cooperative membership and farmers' choice of marketing channels–Evidence from apple farmers in Shaanxi and Shandong Provinces, China [J]. Food Policy, 2018, 74: 53-64.

[360] HARRIS A, STEFANSON B, FULTON M E. New generation cooperatives and cooperative theory [J]. Journal of cooperatives, 1996, 11: 15-28.

[361] HECKMAN J J. Dummy endogenous variables in a simultaneous equation system [R]. National Bureau of Economic Research, 1977.

[362] HELLIN J, LUNDY M, MEIJER M. Farmer organization, collective action and market access in Meso–America [J]. Food policy, 2009, 34 (1): 16-22.

[363] HOLLOWAY G, NICHOLSON C, DELGADO C, et al. Agroindustrialization through institutional innovation Transaction costs, cooperatives and milk–market development in the east–African highlands [J]. Agricultural economics, 2000, 23 (3): 279-288.

[364] ITO J, BAO Z, SU Q. Distributional effects of agricultural cooperatives in China: Exclusion of smallholders and potential gains on participation [J]. Food Policy, 2012, 37 (6): 55-57.

[365] LABARTHE P, LAURENT C. Privatization of agricultural extension services in the EU: Towards a lack of adequate knowledge for small–scale farms? [J]. Food Policy, 2013, 38: 240-252.

[366] LIPTON M. The Theory of the optimizing peasant [J]. The Journal of Development Studies, 1968, 3 (4): 327-351.

[367] JI C, JIN S, WANG H, et al. Estimating effects of cooperative membership on farmers' safe productionbehaviors: Evidence from pig sector in China [J]. Food Policy, 2019, 83: 231-245.

[368] JITMUN T, KUWORNU J K M, DATTA A, et al. Factors influencing membership of dairy cooperatives: Evidence from dairy farmers in Thailand [J]. Journal of Co–operative Organization and Management. 2020, 8 (1): 100109.

[369] KARLI B, BILGIC A, CELIK Y. Factor affecting farmers' decision

to enter agricultural cooperatives using random utility model in the South Eastern Anatolian Region of Turkey [J]. Journal of Agriculture and Rural Development in the Tropics and Subtropics, 2006, 107 (3): 115-127.

[370] KASSEM H S, ALOTAIBI B A, MUDDASSIR M. Factors influencing farmers' satisfaction with the quality of agricultural extension services [J]. Evaluation and Program Planning. 2021, 85: 101912.

[371] KIBWIKA P, WALS A E J, NASSUNA-MUSOKE M G. Competence challenges of demand-led agricultural research and extension in Uganda [J]. Journal of agricultural education and extension, 2009, 15 (1): 5-19.

[372] KRASACHAT W, CHIMKUL K. Performance measurement of agricultural cooperatives in Thailand: An accounting-based data envelopment analysis [M] //Productivity, Efficiency, and Economic Growth in the Asia-Pacific Region. Physica-Verlag HD, 2009: 255-266.

[373] KUEHNE G. My decision to sell the family farm [J]. Agriculture and Human Values, 2013, 30 (2): 203-213.

[374] KUMAR A, SAROJ S, JOSHI P K. Takeshima H. Does cooperative membership improve household welfare? Evidence from a panel data analysis of smallholder dairy farmers in Bihar, India [J]. Food Policy, 2018, 75: 24-36.

[375] LEWIS B D, PATTINASARANY D. Determining citizen satisfaction with local public education in Indonesia: The significance of actual service quality and governance conditions [J]. Growth and Change, 2009, 40 (1): 85-115.

[376] LI J, HE R, DEVOIL P, et al. Enhancing the application of organic fertilisers by members of agricultural cooperatives [J]. Journal of Environmental Management. 2021, 293: 112901.

[377] LI M, YAN X, GUO Y, et al. Impact of risk awareness and agriculture cooperatives' service on farmers' safe production behaviour: evidences from Shaanxi Province [J]. Journal of Cleaner Production. 2021, 312: 127724.

[378] LI X, ITO J. An empirical study of land rental development in rural Gansu, China: The role of agricultural cooperatives and transaction costs [J]. Land Use Policy. 2021, 109: 105621.

[379] LIN B, WANG X, JIN S, et al. Impacts of cooperative membership on rice productivity: evidence from China [J]. World Development. 2022, 150:

105669.

[380] MA W, ABDULAI A, GOETZ R. Agricultural Cooperatives and Investment in Organic Soil Amendments and Chemical Fertilizer in China [J]. American Journal of Agricultural Economics, 2017, 100 (2): 502-520.

[381] MA W, RENWICK A, YUAN P, et al. Agricultural cooperative membership and technical efficiency of apple farmers in China: An analysis accounting for selectivity bias [J]. Food Policy, 2018, 81: 122-132.

[382] MA W, ABDULAI A. Does cooperative membership improve household welfare? Evidence from apple farmers in China [J]. Food Policy, 2016, 58: 94-102.

[383] MANDA J, KHONJE M G, ALENE A D, et al. Does cooperative membership increase and accelerate agricultural technology adoption? Empirical evidence from Zambia [J]. Technological Forecasting and Social Change, 2020, 158: 120160.

[384] MARSHALL J N, DAMESICK P, WOOD P. Understanding the location and role of producer services in the United Kingdom [J]. Environment and Planning A, 1987, 19 (5): 575-595.

[385] MINCER J, POLACHEK S. Family investments in human capital: earnings of women [J]. Journal of political Economy, 1974, 82: S76-S108.

[386] MOJO D, FISCHER C, DEGEFA T. The determinants and economic impacts of membership in coffee farmer cooperatives: recent evidence from rural Ethiopia [J]. Journal of Rural Studies, 2017, 50: 84-94.

[387] MOUSTIER P, TAM P T G, ANH D T. The role of farmer organizations in supplying supermarkets with quality food in Vietnam [J]. Food Policy, 2010, 35 (1): 69-78.

[388] MUJAWAMARIYA G, HAESE D, SPEELMAN S. Exploring double side-selling in cooperatives, case study of four coffee cooperatives in Rwanda [J]. Food Policy, 2013, 39: 72-83.

[389] NARAYAN C. Cooperatives and sustainable development: a case study of dairy cooperatives [J]. Golden Research Journal, 2012, 3: 28-30.

[390] NILSSON J, KIHLÉN A, NORELL L. Are traditional cooperatives an endangered species? About shrinking satisfaction, involvement and trust [J].

International Food and Agribusiness Management Review, 2009, 12: 1-22.

[391] NORTH D C. Institutions, institutional change and economic performance [M]. Cambridge university press, 1990.

[392] OFFUTT S. The future of farm policy analysis: a household perspective [J]. American journal of agricultural economics, 2002, 84 (5): 1189-1200.

[393] OLSON M. The logic of collective action: Public goods and theory of groups [M]. Cambridge, MA: Harvavd University Press, 1965.

[394] ORTEGA D L, BRO A S, CLAY D C, et al. Cooperative membership and coffee productivity in Rwanda's specialty coffee sector [J]. Food Security, 2019, 11 (4): 967-979.

[395] ORTEGA. Cooperative membership and coffee productivity in Rwanda's specialty coffee sector [J]. Food Security, 2019, 11 (4): 967-979.

[396] ÖSTERBERG P, NILSSON J. Members' perception of their participation in the governance of cooperatives: the key to trust and commitment in agricultural cooperatives [J]. Agribusiness: An International Journal, 2009, 25 (2): 181-197.

[397] PASCUCCI S, GARDEBROEK C, DRIES L. Some like to join, others to deliver: an econometric analysis of farmers' relationships with agricultural co-operatives [J]. European Review of Agricultural Economics, 2011, 39 (1): 51-74.

[398] POKHAREL K P, FEATHERSTONE A M. Examining the productivity growth of agricultural cooperatives: the biennial malmquist index approach [J]. Journal of Co-operative Organization and Management, 2021, 9 (2): 100148.

[399] PRITCHARD B, BURCH D, LAWRENCE G. Neither "family" nor "corporate" farming: Australian tomato growers as farm family entrepreneurs [J]. Journal of rural studies, 2007, 23 (1): 75-87.

[400] RAGASA C, GOLAN J. The role of rural producer organizations for agricultural service provision in fragile states [J]. Agricultural economics, 2014, 45 (5): 537-553.

[401] REINERT K A. Rural non-farm development: a trade-theoretic view [J]. Journal of International Trade & Economic Development, 1998, 7 (4): 425-437.

[402] RHODES V J. The large agricultural cooperative as a competitor [J]. American Journal of Agricultural Economics, 1983, 65 (5): 1090-1095.

[403] RICHARD J, SEXTON. The formation of cooperatives: a game-theoretic approach with implications for cooperative finance, decision making, and stability [J]. Am. J. Agr. Econ, 1986, 68 (2): 214-225.

[404] ROYER J S. Potential for cooperative involvement in vertical coordination and value-added activities [J]. Agribusiness, 1995 (11): 473-481.

[405] RUIFA H U, ZHIJIAN Y, KELLY P, et al. Agricultural extension system reform and agent time allocation in China [J]. China Economic Review, 2009, 20 (2): 303-315.

[406] SCHULTZ T W. Institutions and the rising economic value of man [J]. American Journal of Agricultural Economics, 1968, 50 (5): 1113-1122.

[407] SEXTON R J, ISKOW J. Factors critical to the success or failure of emerging agricultural cooperatives [M]. Davis: Division of Agriculture and Natural Resources, University of California, 1988.

[408] SEXTON R J, ISKOW J. The competitive role of cooperatives in market-oriented economies: a policy analysis [J]. Agricultural cooperatives in transition, 1993: 55-83.

[409] SEXTON R J. The formation of cooperatives: a game-theoretic approach with implications for cooperative finance, decision making, and stability [J]. American Journal of Agricultural Economics, 1986, 68 (2): 214-225.

[410] SIDHU R S, VATTA K. Improving economic viability of farming: a study of cooperative agro machinery service centres in Punjab [J]. Agricultural Economics Research Review, 2012, 25 (347-2016-17041): 427-434.

[411] STAATZ J M. Farmers' incentives to take collective action via cooperatives: a transaction cost approach [J]. Cooperative theory: New approaches, 1987, 18: 87-107.

[412] SULTANA M, AHMED J U, SHIRATAKE Y. Sustainable condi-

tions of agriculture cooperative with a case study of dairy cooperative of Sirajgonj District in Bangladesh [J]. Journal of Co-operative Organization and Management, 2020, 8 (1): 100105.

[413] THEUVSEN L, FRANZ A. The role and success factors of livestock trading cooperatives: lessons from German pork production [J]. International Food and Agribusiness Management Review, 2007, 10: 90-112.

[414] THORP R, STEWART F, HEYER A. When and how far is group formation a route out of chronic poverty? [J]. World development, 2005, 33 (6): 907-920.

[415] TREBBIN A. Linking small farmers to modern retail through producer organizations-Experiences with producer companies in India [J]. Food policy, 2014, 45: 35-44.

[416] RIJSBERGEN B V, ELBERS W, RUBEN R, et al. The ambivalent impact of coffee certification on farmers' welfare: a matched panel approach for cooperatives in central kenya [J]. World Development, 2016, 77: 277-292.

[417] VERHOFSTADT E, MAERTENS M. Can Agricultural Cooperatives Reduce Poverty? Heterogeneous Impact of Cooperative Membership on Farmers' Welfare in Rwanda [J]. Applied Economic Perspectives and Policy, 2015, 37 (1): 86-106.

[418] VERKAART S, MUNYUA B G, MAUSCH K, et al. Welfare impacts of improved chickpea adoption: a pathway for rural development in Ethiopia? [J]. Food Policy, 2017, 66: 50-61.

[419] VIAGGI D, RAGGI M, PALOMA S G. Farm-household investment behaviour and the CAP decoupling: methodological issues in assessing policy impacts [J]. Journal of Policy Modeling, 2011, 33 (1): 127-145.

[420] WADSWORTH J J. An analysis of major farm characteristics and farmers' use of cooperatives [J]. Journal of agricultural cooperation, 1991, 6: 45-53.

[421] WU G A, TEROL J, IBANEZ V, et al. Genomics of the origin and evolution of Citrus [J]. Nature. 2018, 554 (7692): 311-316.

[422] WU X, DING Y. The service supply effect of cooperatives under economic transformation: a demand-supply perspective [J]. Sustainability,

2018, 10 (9): 3075.

[423] YANG D, ZHANG H, LIU Z, et al. Do cooperatives participation and technology adoption improve farmers' welfare in China? A joint analysis accounting for selection bias [J]. Journal of Integrative Agriculture, 2021, 20 (6): 1716-1726.

[424] YITAYEW A, ABDULAI A, YIGEZU Y A, et al. Impact of agricultural extension services on the adoption of improved wheat variety in Ethiopia: a cluster randomized controlled trial [J]. World Development, 2021, 146: 1-16.

[425] YU L, CHEN C, NIU Z, et al. Risk aversion, cooperative membership and the adoption of green control techniques: evidence from China [J]. Journal of Cleaner Production, 2021, 279: 123288.

[426] ZHANG C, BENJAMIN W A, WANG M. The contribution of cooperative irrigation scheme to poverty reduction in Tanzania [J]. Journal of Integrative Agriculture, 2021, 20 (4): 953-963.

[427] ZHANG S, SUN Z, MA W, et al. The effect of cooperative membership on agricultural technology adoption in Sichuan, China [J]. China Economic Review, 2020 (62): 101334.

[428] ZHANG Y, JU G, ZHAN J. Farmers using insurance and cooperatives to manage agricultural risks: a case study of the swine industry in China [J]. Journal of Integrative Agriculture, 2019, 18 (12): 2910-2918.

[429] ZHONG Z, ZHANG C, JIA F, et al. Vertical coordination and cooperative member benefits: case studies of four dairy farmers' cooperatives in China [J]. Journal of Cleaner Production, 2018, 172: 2266-2277.

[430] ZHOU J, YAN Z, LI K. Understanding farmer cooperatives' self-inspection behavior to guarantee agri-product safety in China [J]. Food Control, 2016, 59: 320-327.

附　录

附录1　农业生产性服务相关政策梳理

1. 综合篇

《农业农村部关于加快发展农业社会化服务的指导意见》，农经发
〔2021〕2 号

《关于促进小农户和现代农业发展有机衔接的意见》，2019 年，中共中
央办公厅、国务院办公厅

《中共中央 国务院关于实施乡村振兴战略的意见》，中发〔2018〕1 号

《乡村振兴战略规划（2018—2022 年）》

《关于加快构建政策体系培育新型农业经营主体的意见》，2017 年，中
共中央办公厅、国务院

《关于加快发展农业生产性服务业的指导意见》，2017 年，农业部、国
家发展改革委、财政部

2. 农资服务篇

《农业农村部办公厅关于肥料包装废弃物回收处理的指导意见》，
2020 年

《国务院关于加快推进农业机械化和农机装备产业转型升级的指导意
见》，国发〔2018〕42 号

《规范统一省级肥料登记管理工作指导意见》，2018 年，农业部

《财政部 发展改革委 农业部关于进一步完善农资综合补贴动态调整机
制的实施意见》，财建〔2009〕492 号

3. 销售服务篇

《国务院办公厅关于加快农村寄递物流体系建设的意见》，国办发

〔2021〕29 号

《关于进一步优化发展环境促进生鲜农产品流通的实施意见》，发改经贸〔2020〕809 号

《农业农村部 国家发展改革委 财政部 商务部关于实施"互联网+"农产品出村进城工程的指导意见》，2019 年

《关于做好农产品产销对接工作的通知》，2018 年，商务部

《农业农村部关于加快推进品牌强农的意见》，2018 年，农业农村部

《国务院办公厅关于进一步促进农产品加工业发展的意见》，2017 年

4. 资金服务篇

《中国人民银行 中央农办 农业农村部 财政部 银保监会 证监会关于金融支持新型农业经营主体发展的意见》，银发〔2021〕133 号

《人民银行 银保监会 证监会 财政部 农业农村部关于金融服务乡村振兴的指导意见》，2019 年

《关于加快农业保险高质量发展的指导意见》，财金〔2019〕102 号

5. 技术服务篇

《关于加强农业科技社会化服务体系建设的若干意见》，国科发农〔2020〕192 号

《国务院关于深化改革加强基层农业技术推广体系建设的意见》，2019 年，农业农村部

《关于深入推进高等院校和农业科研单位开展农业技术推广服务的意见》，农科教发〔2017〕13 号

《中华人民共和国农业技术推广法》，农科教发〔2013〕1 号

（6）信息服务篇

《数字农业农村发展规划（2019—2025 年）》，2019 年，农业农村部

《数字乡村发展战略纲要》，2019 年，农业农村部

《关于加快推进农业信息化的意见》，2013 年，农业部

附录 2　合作社相关政策文件梳理

《关于推介全国农民合作社典型案例的通知》，2019 年，农业农村部

《共同促进农民专业合作社质量提升实施方案》，2019 年，农业农村部、中国邮政集团公司

《农业农村部办公厅中国中化集团有限公司共同促进农民合作社质量提升实施方案》，2019 年，农业农村部办公厅、中国中化集团有限公司

《提升农民专业合作社质量提升行动》，2018 年，农业农村部

《农民专业合作社解散、破产清算时接受国家财政直接补助形成的财产处置暂行办法》（财办资〔2019〕3 号）

《开展农民专业合作社"空壳社"专项清理工作方案》（中农发〔2019〕3 号）

《关于开展 2019 年农民合作社质量提升整县推进试点工作的通知》（农办经〔2019〕10 号）

《国家农民合作社示范社评定及监测暂行办法》（农经发〔2019〕5 号）

《农民专业合作社联合社示范章程》，2018 年，农业农村部

《关于加快构建政策体系培育新型农业经营主体的意见》，2017 年，中共中央办公厅、国务院

《农民专业合作社年报制度》，2015 年，国家工商总局

《关于引导和促进农民合作社规范发展的意见》，2014 年，农业部

《农民专业合作社年度报告公示公示暂行办法》，2014 年，国家工商总局

《关于引导和促进农民合作社规范发展的意见》（农经发〔2014〕7 号）

《工商总局农业部关于进一步做好农民专业合作社登记与相关管理工作的意见》，2013 年，国家工商总局、农业部

《国家农民专业合作社示范社评定及监测暂行办法》（农经发〔2013〕10 号）

《中国农业银行农民专业合作社贷款管理办法》，2013，中国农业银行

《关于支持有条件的农民专业合作社承担国家有关涉农项目的意见》

（农经发〔2010〕6 号）

《农民专业合作组织发展资金》，2003 年，财政部

《关于开展农民专业合作社示范社建设行动的意见》（农经发〔2009〕10 号）

《关于农民专业合作社有关税收政策的通知》（财税〔2008〕81 号）

《财政部、国家税务总局关于农民专业合作社有关税收政策的通知》（财税〔2008〕81 号）

《农民专业合作社登记管理条例》，2007 年，国务院

附录3 四川省农业农村厅调研方案

1. 课题名称

"柑橘合作社：社员服务利用及其福利影响"

2. 调研人员

×××等博（硕）士生，共5人

3. 调研时间

2020 年×月×日至×月×日

4. 调研方式及对象

（1）调研方式：座谈。

（2）调研对象：

① 特色产业处（主管柑橘产业）相关领导及工作人员；

② 合经处（主管合作社）相关领导及工作人员。

（3）调研内容：

① 全省柑橘及合作社发展概况；

② 课题指导；

③ 选点推荐。

5. 资料收集清单

（1）四川省近年柑橘产业发展相关规划、支持政策、工作总结，上报材料等；

（2）四川省近年合作社发展总结、报告等；

（3）四川省近年农业生产性服务、小农户连接大市场等相关支持政策；

（4）柑橘合作社典型案例；

（5）其他相关资料。

备注：资料仅用于学术研究。

附录4　样本县调研方案

1. 课题名称

"柑橘合作社：社员服务利用及其福利影响"

2. 调研人员

第一组：×××等博（硕）士生，共7人

第二组：×××等老师（硕士生、博士生），共7人

备注：第一小组主要在川东北、川南调研，第二小组主要在成都平原调研

3. 调研时间

2020年×月×日至×月×日

4. 调研方式及对象

（1）县级座谈：负责合作社和农业社会化服务的相关工作人员

（2）实地调研：

① 柑橘合作社——8个以上，须满足"近两年柑橘大面积投产"；

② 社员——每个柑橘合作社至少8个社员，须满足"近两年柑橘大面积投产+在合作社社员名单内"。

5. 资料收集清单

（1）贵县近期柑橘产业发展相关规划、支持政策、工作总结，上报材料等；

（2）贵县近期合作社发展总结、报告等；

（3）贵县近期农业社会化服务、小农户连接大市场等相关支持政策、总结报告等；

（4）全县柑橘合作社名单；

（5）柑橘合作社典型案例。

备注：资料仅用于学术研究。

附录5 县级座谈提纲

1. 请简要介绍贵县合作社（重点）

（1）合作社（尤其是柑橘合作社）的发展现状，并推荐典型案例和调研点选择。

（2）促进合作社（尤其是柑橘合作社）提质增效的主要举措、扶持政策。

（3）柑橘合作社发展面临的瓶颈？如何解决？

（4）农业绿色生产，如化肥农药的减量使用、有机肥推广的措施与成效，瓶颈与问题。

2. 请简要介绍贵县农业社会化服务的情况（重点）

（1）农业社会化服务（尤其是柑橘社会化服务）的现状和特色。

（2）柑橘产业主要涉及哪些农业社会化服务项目？

（3）提供柑橘农业社会化服务的主体、各主体提供服务的特征和差异。

（4）柑橘合作社主要提供哪些农业社会化服务？能否满足社员和产业需求？

（5）对柑橘生产冷链物流、加工储藏、金融等方面有哪些支持？

（6）农业社会化服务（尤其是柑橘社会化服务）面临哪些瓶颈？如何解决？

3. 请简要介绍贵县柑橘产业情况

（1）柑橘产业的发展现状、特色。

（2）发展柑橘产业的主要举措和扶持政策。

（3）柑橘产业发展面临的瓶颈？如何解决？

附录6 四川柑橘合作社调查问卷

问卷编号：_____ 调研员姓名：_____ 复核人：_____

地址：____市____县（市/区）____镇（乡）____村 调研日期：____

合作社名称：_____ 理事长姓名/电话：_____

A：理事长基本情况

A01 性别：_____ 1＝男；2＝女 A02 年龄：_____岁 A03 受教育年限：_____年

A04 身体健康状况：_____ 1＝很差；2＝较差；3＝一般；4＝较好；5＝很好

A05 是否为村干部：_____ 1＝是；2＝否 A06 是否为中共党员：_____ 1＝是；2＝否

A07 如果您有一笔资金准备投资，您更倾向于选择哪种项目：_____

1＝高风险，高回报；2＝一般风险，一般回报；3＝低风险，低回报

A08 是否拥有与农业生产经营相关的证书（如农艺师、农业职业经理人等）：_____ 1＝是；2＝否

A09 是否有亲戚朋友在银行、政府部门工作：_____ 1＝是；2＝否

A10 是否同农业科研机构或高校保持合作关系：_____ 1＝是；2＝否

A11 是否使用智能手机：_____ 1＝是；2＝否（跳至A15） A12 使用智能手机的时间：_____年

A13 是否使用过智能手机查询农业生产（技术/销售）信息：_____ 1＝是；2＝否

A14 在智能手机上一般通过什么方式学习农业生产技术（可多选）：_____

1＝无；2＝抖音、快手等小视频；3＝微信中别人推送的文章；4＝直接百度；5＝其他（请注明）：_____

A15 是否接受过电商培训：_____ 1＝是；2＝否

A16 柑橘种植年限：_____年；经营管理年限：_____年

B：合作社基本信息

B01 工商注册登记时间（如 2007.9）：_____　　　B02 发起人：_____

1=政府部门；2=企业；3=村"两委"；4=种养大户；5=家庭农场；6=普通农户；7=其他（请注明）：_____

B03 注册时社员：_____人；现有社员：_____人；原始股东：_____个；现有股东：_____个

B04 是否有单位会员：_____　1=是，共_____个；2=否

B05 注册资本：_____万元，现有资本：_____万元，现有负债：_____万元，社员出资比例：_____（%）

B06 理事长持股：_____%；理事会持股：_____%

B07 合作社是否具有以下资产（可多选）：_____

1=灌溉系统；2=冷库；3=运输车辆；4=加工设备；5=注册商标；6=其他

B08 是否拥有注册商标：_____　1=有，名称：_____；2=没有；3=申请中

B09 产品认证（可多选）：_____　1=无 2=地理标志产品；3=无公害农产品；4=绿色食品；5=有机产品

B10 示范社等级：_____　1=非示范社；2=县级；3=市级；4=省级；5=国家级

B11 是否聘职业经理人：_____　1=有，年薪_____万元；2=没有（跳至 B14）

B12 职业经理人经营管理成效：_____　1=很差；2=较差；3=一般；4=较好；5=很好

B13 合作社是否成立了公司：_____　1=是；2=否（跳至 B17）

B14 公司业务类型是（可多选）：_____　1=加工；2=销售；3=物流；4=电商；5=休闲；6=其他（请注明）：_____

B15 公司与合作社之间关系是：_____　1=相互独立；2=公司从属于合作社；3=合作社从属于公司

B16 所在村庄的地形：_____　1=平原；2=丘陵；3=山区

C：柑橘生产基本信息

C01 柑橘的主要品种（限种植面积前 3 名）：_____　1=春见（耙

耙柑）；2＝大雅柑；3＝不知火；4＝青见；5＝沃柑；6＝塔罗科血橙；7＝其他（请注明）：_____

C02 2019年柑橘种植面积：_____亩，其中，合作社基地面积：_____亩

C03 是否进行土地流转：_____　1＝是，流转_____亩；2＝否

C04 是否开展种养循环：_____　1＝是；2＝否

C05 开展下列哪些第三产业（可多选）：_____　1＝无；2＝休闲观光；3＝科普教育；4＝采摘体验；5＝康养度假；6＝其他（请注明）：_____

C06 当前柑橘生产面临的主要风险是：_____　1＝自然风险；2＝市场风险；3＝技术风险；4＝政策风险；5＝其他（请注明）：_____

C07 在本乡镇是否有其他柑橘合作社：_____　1＝有，距离最近的有：_____公里；2＝没有

C08 本县（乡镇）其他柑橘合作社是否有以下产品认证（可多选）：_____

1＝无；2＝地理标志产品；3＝无公害农产品；4＝绿色食品；5＝有机产品

C09 与其他柑橘合作社的竞争情况：_____　1＝非常小；2＝比较小；3＝一般；4＝比较大；5＝非常大

C10 柑橘生产经营面临的主要问题是：_____　1＝销售困难；2＝信息不畅；3＝资金不足；4＝生产资料涨价；5＝生产资料质量难以保证；6＝农产品价格偏低；7＝产量不稳定；8＝质量不稳定；9＝经营效益太低；10＝灌溉困难；11＝其他（请注明）：_____

C11 合作社是否申请过贷款：_____　1＝没有申请过；2＝申请过；3＝即将申请

C12 从金融机构获取资金的难易程度：_____　1＝很困难；2＝较困难；3＝一般；4＝较容易；5＝很容易

C13 合作社不向金融机构借款的原因是（选最重要的前3个）：_____　1＝暂没有资金需求；2＝合作社可自行满足资金需求；3＝有其他更为便捷的融资途径；4＝缺乏抵押品、质押品；5＝找不到符合要求的担保人；6＝贷款利率高；7＝审批时间较长；8＝其他（请注明）：_____

D：合作社服务供给

合作社服务供给情况，见附表1。

附表1　合作社服务供给情况

	服务	是否供应 （1=是；2=否）	覆盖成员比例 /%	是否收手续费 （1=是；2=否）	比市场价格优惠 /%
农资 服务	农药	WW1	XX1	YY1	ZZ1
	肥料	WW2	XX2	YY2	ZZ2
	黄板、杀虫灯	WW3	XX3	YY3	ZZ3
	农机（旋耕机、打草机）	WW4	XX4	YY4	ZZ4
	套袋	WW5	XX5	YY5	ZZ5
	薄膜	WW6	XX6	YY6	ZZ6
	包装盒	WW7	XX7	YY7	ZZ7
	其他（请注明）：_____	WW8	XX8	YY8	ZZ8
绿色 生产 技术	肥料施用技术	WW9	XX9	YY9	ZZ9
	有机肥施用技术	WW10	XX10	YY10	ZZ10
	农药施用技术	WW11	XX11	YY11	ZZ11
	生物农药施用技术	WW12	XX12	YY12	ZZ12
	节水技术	WW13	XX13	YY13	ZZ13
	水肥一体施用技术	WW14	XX14	YY14	ZZ14
	物理（生物）防虫技术	WW15	XX15	YY15	ZZ15
	轮作、免耕等耕作技术	WW16	XX16	YY16	ZZ16
	农产品绿色储存与加工	WW17	XX17	YY17	ZZ17
	废弃物利用技术	WW18	XX18	YY18	ZZ18
	其他（请注明）：_____	WW19	XX19	YY19	ZZ19
生产 管理	柑橘栽种	WW20	XX20	YY20	ZZ20
	果园灌溉	WW21	XX21	YY21	ZZ21
	果园除草	WW22	XX22	YY22	ZZ22
	病虫害防治	WW23	XX23	YY23	ZZ23
	修枝整形	WW24	XX24	YY24	ZZ24
	套袋/摘袋	WW25	XX25	YY25	ZZ25
	疏花疏果	WW26	XX26	YY26	ZZ26
	柑橘采收	WW27	XX27	YY27	ZZ27
	其他（请注明）：_____	WW28	XX28	YY28	ZZ28
加工	粗加工	WW29	XX29	YY29	ZZ29
	精深加工	WW30	XX30	YY30	ZZ30
仓储		WW31	XX31	YY31	ZZ31

服务		是否供应 （1＝是；2＝否）	覆盖成员比例 /%	是否收手续费 （1＝是；2＝否）	比市场价格优惠 /%
销售服务		WW32	XX32	YY32	ZZ32
绿色农产品销售服务		WW33	XX33	YY33	ZZ33
融资	农资赊账	WW34	XX34	YY34	ZZ34
	生产性贷款担保	WW35	XX35	YY35	ZZ35
	提供信用评级证明	WW36	XX36	YY36	ZZ36
	帮助成员购买农业保险	WW37	XX37	YY37	ZZ37
	其他（请注明）：_____	WW38	XX38	YY38	ZZ38
信息	绿色农资信息	WW39	XX39	YY39	ZZ39
	绿色生产技术信息	WW40	XX40	YY40	ZZ40
	柑橘销售信息	WW41	XX41	YY41	ZZ41
	融资信息	WW42	XX42	YY42	ZZ42
	其他（请注明）：_____	WW43	XX43	YY43	ZZ43

D01 合作社提供社会化服务的优势在于：_____

_____

D02 合作社提供社会化服务面临的难点在于：_____

_____

D03 当地农资市场的发展水平：_____ 1＝很低；2＝较低；3＝一般；4＝较高；5＝很高

D04 当地仓储保鲜、冷链物流的发展水平：_____ 1＝很低；2＝较低；3＝一般；4＝较高；5＝很高

D05 当地柑橘销售的难易程度：_____ 1＝很困难；2＝较困难；3＝一般；4＝较容易；5＝很容易

D06 当地柑橘销售价格的波动程度：_____ 1＝很低；2＝较低；3＝一般；4＝较高；5＝很高

D07 当地是否有柑橘生产专业服务队（如打枝队、采果队、嫁接队等）：_____ 1＝是；2＝否

D08 当地是否有柑橘协会：_____，是否有柑橘加工企业：_____ 1＝是；2＝否

D09 2019 年合作社举行培训：_____次

D10 合作社农机服务主要涉及的环节有（可多选）：_____

1＝无；2＝栽种；3＝植保；4＝采摘；5＝其他（请注明）：_____

D11 2019 年合作社是否收购社员柑橘：_____，是否收购非社员柑橘：_____ 1=是；2=否

D12 2019 年合作社柑橘收购、销售情况，请完善下表：

附表 2 合作社柑橘收购、销售情况

主要品种 （仅填产量前 3 位）	社员收购价格/ （元·千克）	非社员收购价格/ （元·千克）	外销价格/ （元·千克）
DC1	DD1	DE1	DF1
DC2	DD2	DE2	DF2
DC3	DD3	DE3	DF3

D13 合作社柑橘销售渠道中，电商：_____%；龙头企业：_____%；超市：_____%；设立专卖店：_____%；经纪人：_____%；批发市场：_____%；农贸市场：_____%；其他（请注明）：_____

D14 合作社鲜销比例：_____，粗加工比例：_____%，精深加工比例：_____%

D15 合作社电商的主要具体渠道为（可多选）：_____ 1=自建电商平台；2=第三方电商平台（淘宝、京东等）；3=微信平台；4=抖音、快手；5=其他（请注明）：_____

D16 合作社网上销售的物流配送方式为：_____

1=第三方物流；2=自建物流；3=第三方物流+自我配送

D17 合作社与社员之间的购销方式：_____ 1=签订购销合同，以固定价格收购；2=签订销售合同，以合同规定价收购，规定价格比市场高：_____%；3=不签订合同，以稳定价收购；4=不签订合同，根据产品价格质量分级支付不同的价格；5=价格波动随行就市，但比市场价略高一点；6=其他（请注明）：_____

E：合作社经营制度

E01 经营模式：_____ 1=公司+合作社+基地；2=合作社+基地+农户；3=合作社+农户；4=联合社+公司+合作社+基地+农户；5=其他（请说明）：_____

E02 农户加入合作社是否具有规模限制：_____ 1=是，规模为_____；2=否

E03 社员是否可以自由退出合作社：_____ 1＝是；2＝否

E04 社员入股方式（可多选）：_____

1＝资金；2＝土地；3＝劳动；4＝技术；5＝农机具；6＝其他（请注明）：_____

E05 合作社社员账户记录内容有（可多选）：_____

1＝无社员账户；2＝社员出资额；3＝量化该社员的公积金份额；4＝量化给该社员的政府财政扶持金额数额；5＝其他（请注明）：_____

E06 是否定期向社员公开财务和运营状况：_____ 1＝是；2＝否

E07 2019 年召开成员（代表）大会：_____次；理事会：_____次；召开监事会：_____次

E08 社员大会的主要表决方式为：_____，理事会和监事会的主要表决方式为：_____

1＝一人一票；2＝一股一票；3＝按生产经营规模比例入股，并按股投票；4＝有些事一人一票，有些事按股投票；5＝按交易额与股金额结合一人一票；6＝其他（请注明）：_____

E09 理事会成员的产生方式：_____ 1＝全体社员选举产生；2＝主要由股东决定；3＝看是否在当地有声望；4＝其他（请注明）：_____

E10 合作社的盈余分配方式为：_____ 1＝无；2＝按交易额（或量）分配；3＝按股分红；4＝平均分配；5＝按交易额与按股分配相结合，以按交易额（或量）分配为主；6＝按交易额与按股分配相结合，以按股分红为主；7＝其他（请注明）：_____

E11 合作社盈余分配中按交易额（量）返还的比例为：_____%

E12 合作社是否提取公积金：_____ 1＝是，比例为：_____%；2＝否

E13 对参与管理的大股东，合作社如何给予回报：_____ 1＝没有额外的报酬；2＝支付额外管理工资；3＝其他（请注明）：_____

F：合作社经营绩效

F01 2019 年，合作社生产投入：_____万元，经营收入：_____万元，带动当地非社员：_____人

F02 盈利能力与前两年相比：_____ 1＝差很多；2＝差一点；3＝没有差别；4＝好一些；5＝好很多

F03 盈利能力与其他柑橘合作社相比：_____ 1＝差很多；2＝差一

点；3=没有差别；4=好一些；5=好很多

F04 与其他柑橘合作社相比，请完善以下表格：

附表3　合作社发展情况

合作社发展情况		1=差很多；2=差一点；3=没有差别； 4=好一些；5=好很多
F041	总体评价	
F042	服务能力	
F043	信息获取能力	
F044	社员凝聚力	
F045	品牌知名度	
F046	促农增收	
F047	促进产业兴旺	
F048	社会影响力	

G：政府支持

政府支持，见附表4。

附表4　政府支持情况

政府扶持	是否获得 （1=是；2=否）		若提供， 提供数额 （或次数）		满意程度 （1~5递增）		需求的强烈程度 （1~5递增）	
财政补贴补助	GG01		HH01		II01		JJ01	
贷款支持	GG02		HH02		II02		JJ02	
机器设备	GG03		HH03		II03		JJ03	
基础设施建设	GG04		HH04		II04		JJ04	
技术现场指导	GG05		HH05		II05		JJ05	
生产技术培训	GG06		HH06		II06		JJ06	
市场营销技能培训	GG07		HH07		II07		JJ07	
管理技能培训	GG08		HH08		II08		JJ08	
市场销售信息	GG09		HH09		II09		JJ09	
优惠政策信息	GG10		HH10		II10		JJ10	
保险服务	GG11		HH11		II11		JJ11	
其他（请注明）：_____	GG12		HH12		II12		JJ12	

G01 政府对合作社整体的扶持力度：_____　1=很小；2=较小；3=一般；4=较大；5=很大

G02 合作社与政府来往的密切程度：_____　1=很不紧密；2=较不

紧密；3＝一般；4＝较紧密；5＝很紧密

G03 希望政府提供哪些帮助或服务：_____

_____

_____

附录 7　柑橘社员调查问卷

问卷编号：_____　　　　　　　调研员姓名：_____

地址：_____ 市 _____ 县（市、区）_____ 镇（乡）_____村

合作社名称：_____　调研日期（如 2020.7.16）：_____

受访者姓名：_____　受访者联系电话：_____

A：户主基本特征

A01 性别：_____　　1＝男；2＝女　　A02 年龄：_____岁　　A03 受教育年限：_____

A04 是否为中共党员：_____　　1＝是；2＝否　　A05 是否为村干部：_____　　1＝是；2＝否

A06 身体健康状况：_____　　1＝很差；2＝较差；3＝一般；4＝较好；5＝很好

A07 如果您有一笔资金准备投资，您更倾向于选择哪种项目：_____

1＝高风险，高回报；2＝一般风险，一般回报；3＝低风险，低回报

A08 对邻居的信任程度：_____　　1＝很不信任；2＝不太信任；3＝一般；4＝较信任；5＝很信任

B：家庭基本特征

B01 总人口：_____人，外出劳动力：_____人

B02 亲朋好友中是否有在政府上班的：_____　1＝是；2＝否

B03 您家和村干部的关系：_____　1＝很差；2＝较差；3＝一般；4＝较好；5＝很好

B04 您家距合作社负责人家的距离：_____公里　　B05 您家距最近集市的距离：_____公里

B06 所在村庄地形：_____　　1＝平原；2＝丘陵；3＝山区

B07 邻居中是否有合作社成员：_____　　1＝是；2＝否

C：生产基本特征

C01 柑橘种植品种（面积前 3）：_____　　1＝春见（耙耙柑）；2＝

大雅柑；3＝不知火；4＝青见；5＝沃柑；6＝塔罗科血橙；7＝其他（请注明）：_____ C02 种植年限：_____年

C03 家庭承包地面积：_____亩 C04 是否有流转出去的土地：_____ 1＝是；2＝否 C05 柑橘种植面积：_____亩

C06 家庭经营土壤肥力：_____ 1＝贫瘠；2＝较贫瘠；3＝一般；4＝较肥沃；5＝非常肥沃

C07 柑橘种植土地转入面积：_____亩，流转价格：_____元/亩

C08 柑橘生产物化成本：_____元/亩，其中，农药：_____元/亩，肥料：_____元/亩，有机肥：_____元/亩，农业保险费用：_____元/亩；明年是否会购买农业保险：_____ 1＝是；2＝否

C09 柑橘生产劳动力：_____人 C10 2019 年柑橘生产雇工人数：_____人，雇工费用：_____元

C11 平均每年柑橘销售环节的运输费用（含油费、过路费、人工费等）：_____元

C12 柑橘销售过程的损失（腐烂等）有：_____%

C13 当前柑橘生产面临的风险：_____

1＝完全没有风险（跳至 C15）；2＝有较小风险；3＝有适当风险；4＝有较大风险；5＝风险很大

C14 柑橘生产面临的风险主要是：_____ 1＝自然风险；2＝市场风险；3＝技术风险；4＝政策风险；5＝疫情风险；6＝其他（请注明）：_____

C15 柑橘生产面临的主要问题是（按重要的前 3 排序）：_____ 1＝销售困难；2＝信息不畅；3＝资金不足；4＝生产资料涨价；5＝生产资料质量难以保证；6＝农产品价格偏低；7＝产量不稳定；8＝质量不稳定；9＝经营效益太低；10＝灌溉困难；11＝其他（请注明）：_____

D：社员服务利用

社员服务利用，见附表5。

附表5 社员服务利用情况

合作社社会化服务		是否利用 （1＝是；2＝否）	邻居是否利用 （1＝是；2＝否）	利用的满意程度 （1~5递增）	需求的强烈程度 （1~5递增）
农资服务	农药	WW1	XX1	YY1	ZZ1
	肥料	WW2	XX2	YY2	ZZ2
	黄板、杀虫灯	WW3	XX3	YY3	ZZ3
	农机（旋耕机、打草机）	WW4	XX4	YY4	ZZ4
	套袋	WW5	XX5	YY5	ZZ5
	薄膜	WW6	XX6	YY6	ZZ6
	包装盒	WW7	XX7	YY7	ZZ7
	其他（请注明）：_____	WW8	XX8	YY8	ZZ8
绿色生产技术	肥料施用技术	WW9	XX9	YY9	ZZ9
	有机肥施用技术	WW10	XX10	YY10	ZZ10
	农药施用技术	WW11	XX11	YY11	ZZ11
	生物农药施用技术	WW12	XX12	YY12	ZZ12
	节水技术	WW13	XX13	YY13	ZZ13
	水肥一体施用技术	WW14	XX14	YY14	ZZ14
	物理（生物）防虫技术	WW15	XX15	YY15	ZZ15
	轮作、免耕等耕作技术	WW16	XX16	YY16	ZZ16
	农产品绿色储存与加工	WW17	XX17	YY17	ZZ17
	废弃物利用技术	WW18	XX18	YY18	ZZ18
	其他（请注明）：_____	WW19	XX19	YY19	ZZ19
生产管理	柑橘栽种	WW20	XX20	YY20	ZZ20
	果园灌溉	WW21	XX21	YY21	ZZ21
	果园除草	WW22	XX22	YY22	ZZ22
	病虫害防治	WW23	XX23	YY23	ZZ23
	修枝整形	WW24	XX24	YY24	ZZ24
	套袋/摘袋	WW25	XX25	YY25	ZZ25
	疏花疏果	WW26	XX26	YY26	ZZ26
	柑橘采收	WW27	XX27	YY27	ZZ27
	其他（请注明）：_____	WW28	XX28	YY28	ZZ28
加工	粗加工	WW29	XX29	YY29	ZZ29
	精深加工	WW30	XX30	YY30	ZZ30
仓储		WW31	XX31	YY31	ZZ31

合作社社会化服务		是否利用 (1=是;2=否)		邻居是否利用 (1=是;2=否)		利用的满意程度 (1~5 递增)		需求的强烈程度 (1~5 递增)	
销售服务		WW32		XX32		YY32		ZZ32	
绿色农产品销售服务		WW33		XX33		YY33		ZZ33	
融资	农资赊账	WW34		XX34		YY34		ZZ34	
	生产性贷款担保	WW35		XX35		YY35		ZZ35	
	提供信用评级证明	WW36		XX36		YY36		ZZ36	
	帮助成员购买农业保险	WW37		XX37		YY37		ZZ37	
	其他(请注明):_____	WW38		XX38		YY38		ZZ38	
信息	绿色农资信息	WW39		XX39		YY39		ZZ39	
	绿色生产技术信息	WW40		XX40		YY40		ZZ40	
	柑橘销售信息	WW41		XX41		YY41		ZZ41	
	融资信息	WW42		XX42		YY42		ZZ42	
	其他(请注明):_____	WW43		XX43		YY43		ZZ43	

D01 您没利用上述部分合作社社会化服务的主要原因是:_____

_____

D02 本地农资市场的发展水平:_____ 1=很低;2=较低;3=一般;4=较高;5=很高

D03 当地仓储保鲜、冷链物流的发展水平:_____ 1=很低;2=较低;3=一般;4=较高;5=很高

D04 所在乡镇快递等电商基础设施的发展水平:_____ 1=很差;2=较差;3=一般;4=较好;5=很好

D05 您获取市场价格、新的技术、相关政策等信息的难易程度:_____

1=很困难;2=较困难;3=一般;4=较容易;5=很容易

D06 从金融机构获取资金的难易程度:_____ 1=很困难;2=较困难;3=一般;4=较容易;5=很容易

D07 2019 年接受合作社生产技术培训:_____次

D08 当地是否有柑橘生产专业服务队(打枝队、采果队、嫁接队等):_____ 1=是;2=否

D09 当地是否有柑橘协会:_____ 1=是;2=否

D10 当地是否有柑橘加工企业:_____ 1=是;2=否

D11 近两年柑橘销售的难易程度:_____ 1=很困难;2=较困难;

3＝一般；4＝较容易；5＝很容易

D12 近两年柑橘销售价格的波动程度：_____ 1＝很低；2＝较低；

3＝一般；4＝较高；5＝很高

D13 2019 年柑橘销售：_____斤，用于销售的柑橘产量占总产量的

比例：_____%

D14 按照下表完善销售信息

销售渠道	销售量比例/%	平均售价/元
合作社	LL1	MM1
电子商务	LL2	MM2
农贸市场	LL3	MM3
经纪人（商贩、私人老板）	LL4	MM4
其他（请注明）：_____	LL5	MM5

D15 2019 年经由合作社购买的农资金额占比：_____%

D16 2019 年利用合作社资金服务所获取的资金占全部资金服务的比

例：_____%

D17 2019 年接受合作社技术培训的次数占全部技术服务的比

例：_____%

D18 2019 年接受合作社信息服务的次数占全部信息服务的比

例：_____%

E：社员参与

E01 对合作社的了解程度：_____ 1＝完全不了解；2＝了解较少；

3＝了解一般；4＝较了解；5＝很了解

E02 对《合作社法》的了解程度：_____ 1＝完全不了解；2＝了解

较少；3＝了解一般；4＝较了解；5＝很了解

E03 了解合作社的途径：_____ 1＝村干部；2＝本村村民；3＝外村

人；4＝电视、广播、报纸；5＝网络；6＝其他（请注明）：_____

E04 当地政府是否积极引导柑橘合作社的建立：_____ 1＝是；2＝

否；3＝不清楚

题项 E05—E08，请选择：1＝没作用；2＝作用很小；3＝有一定作用；

4＝作用较大；5＝作用很大

E05 合作社在家庭经营中的作用：_____ E06 合作社降低柑橘生产经营成本：_____

E07 合作社提高柑橘销售价格：_____ E08 合作社稳定柑橘销售价格：_____

E09 能否对新旧合作社（旧指"人民公社"）进行区分：_____
1＝能；2＝否

题项 E10—E19，请选择：1＝很不同意；2＝不同意；3＝不确定；4＝同意；5＝很同意

E10 您能够很融洽地跟其他社员相处：_____ E11 您会积极参与合作社事务：_____

E12 大部分社员都很友善：_____ E13 大部分社员都值得信任：_____

E14 大部分社员都有着共同目标：_____ E15 大部分社员都会为彼此的利益着想：_____

E16 您经常跟其他社员沟通交流：_____ E17 理事长在做决策时会考虑大家的利益：_____

E18 合作社的规章制度有利于你：_____ E19 合作社的规章制度是合理的：_____

E20 加入合作社的时间（如 2007.7）：_____

E21 入社自愿程度：_____ 1＝不自愿（跳至 E23）；2＝较低；3＝一般；4＝较高；5＝完全自愿

E22 加入合作社的主要目的（限 3 项）：_____ 1＝获得技术指导和培训；2＝优惠的农资供应价格；3＝较高的出售价格；4＝稳定的产品收购；5＝提供农产品储藏；6＝资金融通；7＝提供市场信息；8＝提供病虫害防治帮助；9＝进行农产品加工；10＝标准化的生产与质量管理；11＝合作社有年底分红；12＝合作社有助于申请农业贷款；13＝其他（请注明）：_____

E23 是否在合作社入股：_____ 1＝是；2＝否（跳至 E25）

E24 入股方式（可多选）：_____ 1＝资金；2＝土地；3＝劳动；4＝技术；5＝生产资料；6＝其他（请注明）：_____

E25 如果未入股，主要原因是：_____
1＝没有入股机会；2＝缺乏资金；3＝自家生产规模小，不值得投资；

4＝担心合作社发展不好，投资失败；5＝不相信核心社员会分红；6＝其他（请注明）：_____

E26 在合作社中的身份：_____ 1＝理事会社员；2＝监事会社员；3＝职业经理人；4＝普通社员；5＝其他（请注明）：_____

E27 2019 年参加社员（代表）大会的次数：_____次

E28 您平时给合作社经营管理提意见的次数：_____ 1＝很少；2＝较少；3＝一般；4＝较多；5＝很多

E29 您认为你所在合作社的经营管理谁说了算：_____

1＝理事长；2＝入股多的社员；3＝理事会；4＝社员大会；5＝其他（请注明）：_____

E30 是否可以查询合作社的财务情况：_____ 1＝是；2＝否；3＝不关心/不知道

E31 多大程度上会继续参加合作社的业务（1 到 5 程度递增）：_____

F：社员福利

F01 单位产量：_____斤/亩 F02 2019 年柑橘销售收入：_____万元 F03 2019 年家庭收入：_____万元

F04 2019 年农业收入：_____万元，占家庭总收入的比例：_____%

F05 与其他非社员橘农效益相比：_____ 1＝大幅减少；2＝小幅减少；3＝基本不变；4＝小幅增加；5＝大幅增加

注：F06—F11 请选择：1＝很低；2＝较低；3＝一般；4＝较高；5＝很高

F06 对合作社服务的总体满意度：_____ F07 对合作社服务便捷性的满意度：_____

F08 对合作社现有服务种类的满意程度：_____ F09 对合作社现有服务价格的满意程度：_____

F10 对合作社现有服务质量的满意程度：_____ F11 对合作社现有服务及时性的满意程度：_____

附录8　样本合作社访谈提纲

1. 贵社的基本概况？
2. 外部农业生产性服务市场（针对柑橘）的发育程度如何？
3. 贵社提供哪些服务？
4. 贵社提供农业生产性服务的优势和不足？
5. 社员利用贵社服务的总体情况？
6. 服务利用对社员福利有哪些方面的影响？影响程度如何？
7. 贵社提供农业生产性服务面临的困难与挑战有哪些？
8. 贵社完善服务功能需要哪些政策扶持？

附录9 样本合作社社员访谈提纲

1. 您是否利用合作社服务？

2. 哪些因素影响您（不）利用合作社服务（若回答是否定的，则访谈终止）？

3. 利用了哪些合作社服务（利用宽度）？各类服务利用的比例有多大（利用深度）？

4. 哪些因素影响您对合作社服务的利用宽度和利用深度？

5. 服务利用能够提升您对合作社的满意度吗，主要是通过哪些路径影响的？

6. 服务利用对您的客观福利（柑橘产量、净收益、家庭收入）的影响如何？具体是怎么影响的？

7. 您是否会持续利用合作社服务？

8. 您对完善合作社服务有什么建议？

附录10 样本合作社服务供给

样本合作社服务供给情况，见附表6。

附表6 样本合作社服务供给情况

编号	农资服务	销售服务	资金服务	技术服务	信息服务	宽度
1	1	1	1	1	1	5
2	0	1	1	1	1	4
3	1	1	1	1	1	5
4	1	1	0	1	1	4
5	1	1	1	1	1	5
6	0	1	1	1	1	4
7	1	1	1	1	1	5
8	1	1	0	1	1	4
9	1	1	0	1	1	4
10	1	1	0	1	1	4
11	1	1	0	1	1	4
12	1	1	0	1	1	4
13	1	1	0	1	1	4
14	1	1	0	1	1	4
15	1	1	0	1	1	4
16	1	1	0	1	1	4
17	1	1	0	1	1	4
18	1	1	0	1	1	4
19	1	0	0	1	1	3
20	1	1	1	1	1	5
21	1	1	0	1	1	4
22	1	1	1	1	1	5

编号	农资服务	销售服务	资金服务	技术服务	信息服务	宽度
23	1	1	1	1	1	5
24	1	1	1	1	1	5
25	1	1	0	1	1	4
26	1	1	0	1	1	4
27	1	1	0	1	1	4
28	1	1	0	1	1	4
29	1	1	0	1	1	4
30	1	1	0	1	1	4
31	1	1	0	1	1	4
32	1	1	0	1	1	4
33	1	1	0	1	1	4
34	1	0	0	1	1	3
35	1	1	1	1	1	5
36	1	0	0	1	1	3
37	1	0	0	1	1	3
38	1	1	1	1	1	5
39	1	0	1	1	1	4
40	1	0	0	0	1	2
41	1	1	0	1	1	4
42	1	1	0	1	1	4
43	1	1	1	1	1	5
44	1	1	1	1	1	5
45	1	1	1	1	1	5
46	1	1	0	1	1	4
47	1	1	1	1	1	5
48	1	1	0	1	1	4
49	1	1	1	1	1	5

编号	农资服务	销售服务	资金服务	技术服务	信息服务	宽度
50	1	1	1	1	1	5
51	1	1	1	1	1	5
52	1	0	0	1	0	2
53	1	1	1	1	1	5
54	1	1	0	1	1	4
55	1	0	0	1	1	3
56	1	1	1	1	1	5
57	1	1	1	1	1	5
58	1	1	1	1	1	5
59	1	1	0	1	1	4
60	1	1	0	1	1	4
61	1	1	0	1	1	4
62	1	1	1	1	1	5
63	0	1	0	1	1	3
64	0	1	0	1	1	3
65	1	1	0	1	1	4
66	1	1	1	1	1	5
67	1	1	0	1	1	4
68	1	1	1	1	1	5
69	1	1	0	0	1	3
70	0	0	0	1	1	2
71	0	0	0	1	1	2
72	1	1	0	1	1	4
73	1	1	0	1	1	4
74	0	1	0	1	1	3
75	1	1	0	1	1	4
76	0	1	0	1	1	3

编号	农资服务	销售服务	资金服务	技术服务	信息服务	宽度
77	0	1	0	1	1	3
78	1	1	0	1	1	4
79	1	0	1	1	1	4
80	0	1	0	1	1	3

注："1"代表提供；"0"代表未提供；本表列举了调研的所有合作社样本的生产性服务供给情况，而在正文中只使用了其中的74个样本合作社。